Müssen nicht all die neuen Ansätze für eine bessere Vorschulerziehung unter den harten Bedingungen der Praxis scheitern? Was nutzen schöne Konzepte, wenn die tägliche Arbeit durch Bedingungen strukturiert ist, die jeden Elan ersticken? Diese häufig gestellten Fragen werden hier aufgegriffen. Und die Antwort darauf setzt bewußt an den meist unzulänglichen Arbeitsbedingungen, den oft enttäuschenden Praxiserfahrungen an. Wie man trotzdem eine schrittweise Qualifizierung in der Praxis erreichen kann, dazu will der Band Erfahrungen vermitteln und Anregungen geben.

Konkret geht es dabei vor allem um die Fragen, wie man eine Arbeitsplanung entwickelt und die Kinder an der Planung beteiligt, wie man die Mitwirkung der Eltern ermöglicht und die Kontakte zum Einzugsbereich fördert, wie man mit hierarchischen Strukturen im Team umgehen kann und wie man zunehmend mehr fachliche Kompetenz gewinnt. Dabei kommen Erzieherinnen mit ihren Alltagsproblemen zu Wort, werden in Praxis und Fortbildung gewonnene Erfahrungen vermittelt und werden konkrete Hinweise und Anregungen gegeben.

Die Autorinnen sind Mitarbeiterinnen der Arbeitsgruppe Vorschulerziehung des Deutschen Jugendinstituts. In seinen Ansätzen und Intentionen steht der Band in enger Beziehung zu den von der Arbeitsgruppe Vorschulerziehung entwickelten „Anregungen“, die ebenfalls in der Reihe Deutsches Jugendinstitut erschienen sind: „Anregungen I: Zur pädagogischen Arbeit im Kindergarten“, „Anregungen II: Zur Ausstattung des Kindergartens“ und „Anregungen III: Didaktische Einheiten im Kindergarten“.

Reihe deutsches Jugendinstitut – aktuell

Hedi Colberg-Schrader / Marianne Krug

Arbeitsfeld Kindergarten
Planung, Praxisgestaltung, Teamarbeit

Herausgegeben von der Arbeitsgruppe Vorschulerziehung

Juventa Verlag

CIP-Kurztitelaufnahme der Deutschen Bibliothek

Colberg-Schrader, Hedi
Arbeitsfeld Kindergarten: Planung, Praxisgestaltung, Teamarbeit / Hedi Colberg-Schrader; Marianne Krug. Hrsg. von d. Arbeitsgruppe Vorschulerziehung. – 1. Aufl. – München: Juventa-Verlag, 1977.
(Reihe Deutsches Jugendinstitut: aktuell)
ISBN 3–7799–0234–6
NE: Krug, Marianne:

ISBN 3–7799–0234–6

Umschlaggestaltung: Dieter Vollendorf
Printed in Germany
Satz: fotosatz geiß, puchheim
Druck: grafik+druck, münchen

Inhalt

1 Zur Absicht dieses Buches 7

2 Entwicklungen im Elementarbereich 10
2.1 Selbstverständnis des Kindergartens 10
2.2 Der Streit um die Vorschulerziehung 13
2.3 Wo stehen wir heute? 18

3 Zur Arbeitsgestaltung in der Kindergruppe 20
3.1 Ansatzpunkte für die Entwicklung einer Arbeitskonzeption 20

Erziehungsziele – wie kann man sie bestimmen? Lerninhalte – wie findet man die richtigen? – Was bestimmt das Leben der Kinder? – Wie kann man alle Kinder ansprechen? – Wie können Kinder den Kindergarten mitgestalten?

3.2 Wie kann man Erziehungsarbeit planen? 30
3.3 Merkmale offener Planung 36

Offene Planung bezieht sich auf Erfahrungsbereiche der Kinder – Lernen von sozialem Handeln und Sachkompetenz dürfen nicht getrennt werden – Kinder sollen, soweit möglich, an Planungsschritten beteiligt werden – Offene Planung bedeutet, Angebote für verschiedene Untergruppen vorzusehen – Offene Planung bedeutet, daß sich der Erzieher ständig informiert – Offene Planung bezieht Lernorte und Bezugspersonen außerhalb des Kindergartens ein – Offene Planung bedeutet, mit Kollegen und Eltern zusammenzuarbeiten – Offene Planung verändert die Rolle des Erziehers

3.4 Die Planung der Arbeit im Kindergarten 40

Beispiele: Neue Kinder werden in die Gruppe aufgenommen – Vorbereitung der Kinder auf die Schule – Gestaltung der Vorweihnachtszeit – Abbau von einseitigen Geschlechtsrollenvorstellungen in der Kindergruppe

3.5 Zu welcher Praxis führt solche Planung? 60

4 Kindergarten und Einzugsbereich 69
4.1 Kindergarten – Lernort für Kinder und Erwachsene 69
4.2 Mitwirkung von Eltern 72

Eltern arbeiten im Kindergarten mit – Eltern beteiligen sich an Entscheidungen zur pädagogischen Arbeit – Eltern helfen bei der Gestaltung und Einrichtung des Kindergartens

4.3 Kontakte zu anderen Institutionen in der Umgebung 77

4.4 Kindergarten als Kommunikationszentrum 79

Tag der Offenen Tür – Straßenfest – Spielzeugausstellung Flohmarkt – Abhol- und Bringdienst – Spielnachmittage für Eltern – Baby-Sitter-Dienst – Gesprächsnachmittage für Mütter – Interessengruppen im Kindergarten

5 Arbeitsorganisation im Kindergarten 83
5.1 Arbeitszeitregelungen der Erzieher und Öffnungszeit der Einrichtung 83
5.2 Arbeitsgestaltung in der Vorbereitungszeit 86
5.3 Warum gibt es in vielen Einrichtungen keine Teamarbeit? 89
5.4 Zeitliche Regelung für die Teamarbeit 94
5.5 Wie entwickelt sich ein arbeitsfähiges Team? ... 98
5.6 Hierarchien im Kindergarten 104
5.7 Methodische Hilfen für die Arbeit im Team 109

Wandzeitung – Strukturierte Stoffsammlung – Entscheidung in der Gruppe für Arbeitsschwerpunkte – Beurteilung der eigenen Arbeit im Team – Entscheidungsfindung bei organisatorischen Fragen

5.8 Auswirkungen der Teamarbeit auf die pädagogische Arbeit in der Einrichtung 116

6 Zur Professionalisierung von Erziehern 123
6.1 Professionalisierung der Erzieher – was kann man darunter verstehen? 123
6.2 Wie kann die notwendige Professionalisierung der Erzieher weitergeführt werden? 127

Literaturverzeichnis 131

1 Zur Absicht dieses Buches

Nachdem der Kindergarten in den letzten Jahren immer mehr in den Mittelpunkt bildungspolitischer Diskussionen gerückt ist, haben sich für die in ihm arbeitenden Erzieher vielfältige – teils neue – Anforderungen und Aufgabenbereiche aufgetan: Von Elternarbeit, kompensatorischer oder komplementärer Erziehung, Sprachförderung, sozialem Lernen und vielem mehr ist die Rede. Dieser Aufgabenvielfalt und der verstärkten öffentlichen Aufmerksamkeit fühlen sich viele Erzieher nicht mehr gewachsen. Aufgrund der derzeitigen Situation im Elementarbereich ist dies auch gar nicht ohne weiteres möglich, weil so viele verschiedene – teils widersprüchliche – konzeptionelle Entwicklungen vorliegen, von denen viele gar nicht in der Praxis der Regeleinrichtungen ankommen.

Während in zahlreichen Modellversuchen neue Angebote für die inhaltlich-pädagogische Arbeit des Kindergartens entwickelt wurden, stehen die Erzieher in den Einrichtungen häufig ohne Beratung vor ihren tagtäglich wiederkehrenden Problemen: Wie läßt sich die Arbeit mit den Kindern in einer großen Gruppe sinnvoll gestalten? Welche Probleme und Bedingungen entstehen in Kindertagesstätten, in denen die Kinder ohne Unterbrechung ganztägig untergebracht sind? Woher nimmt man die Zeit für notwendige Vor- und Nachbereitung? Wie lernt man, besser mit den Kollegen zusammenzuarbeiten? Wie macht man überhaupt Elternarbeit? Wie kann man sich fortbilden? Zunächst entsteht also der Eindruck, als ob Erzieher, die nicht das Glück hatten, an Modellversuchen beteiligt zu sein, durch ungünstige Arbeitsbedingungen daran gehindert werden, die Kindergartenarbeit in ihrer Einrichtung zu verbessern. Deshalb ist nicht verwunderlich, wenn allmählich Vorbehalte gegenüber Modellversuchen und Reformen aufkommen, und wenn ursprünglich interessierte Erzieher sich zurückziehen. Entsprechend äußerten sich auch Erzieher, die wir auf ihre Arbeitssituation ansprachen:

„Die pädagogischen Vorschläge von euch Wissenschaftlern sind ja gut und schön, sie sind aber oft sehr praxisfern. Ihr solltet mal selbst erleben, was so an einem normalen Kindergartenalltag alles anfällt. Da ist das, was man sich vorher schön überlegt, nur ein kleiner Teil."

„Was nützen uns die didaktischen Einheiten aus den Modellkindergärten? Das hört sich gut an, aber wir können wegen unserer schlechten Arbeitsbedingungen überhaupt nicht sinnvoll arbeiten. Da ist man froh, wenn man ohne großen Ärger über den Tag kommt – für viel mehr fehlt uns einfach die Zeit."

Es stellt sich die Frage, wie unter diesen Umständen Reformen auf breiter Basis wirksam werden. Wie können Erzieher von den in Modellversuchen erarbeiteten Materialien und Arbeitshilfen profitieren? Bringen die Ergebnisse von Modellversuchen tatsächlich Hilfen für die Arbeit oder sind sie in anderen Einrichtungen als den Modellkindergärten aufgrund schlechterer Arbeitsbedingungen nicht verwertbar?

Wir haben als Wissenschaftler in einem Modellversuch gearbeitet, in dem gemeinsam mit Erziehern aus Kindergärten der Länder Rheinland-Pfalz und Hessen das Curriculum „Soziales Lernen" – 28 ausgearbeitete Beispiele über die praktische Umsetzung des Situationsansatzes – entwickelt wurde (Arbeitsgruppe Vorschulerziehung und Erzieherinnen aus Modellkindergärten der Länder Rheinland-Pfalz und Hessen 1975; Arbeitsgruppe Vorschulerziehung 1976). Wir erinnern uns daran, daß die Erzieher der beteiligten Modellkindergärten zu Beginn der Arbeit ähnlich argumentiert hatten, denn die Arbeitsbedingungen in diesen Einrichtungen waren keinesweg so ideal, um nicht mit anderen Einrichtungen verglichen werden zu können. Wir konnten aber die Erfahrung machen, daß die beteiligten Erzieher über die Auseinandersetzung mit inhaltlichen und methodischen Aspekten ihrer Arbeit zu einem Überdenken der eigenen Arbeitsbedingungen gelangt sind. Indem die Erzieher pädagogische Vorschläge der Wissenschaftler auf ihre Umsetzbarkeit geprüft, diese in der Praxis abgeändert und neue Arbeitsformen und -inhalte erprobt haben, mußten sie immer wieder die Arbeitsbedingungen, wie etwa Arbeitszeit, Personalschlüssel und -verteilung auf die einzelnen Gruppen, Aufteilung und Ausstattung der Räume und vieles andere, überprüfen. Im Zuge dieser Auseinandersetzungen mit der eigenen Arbeit kam es zu schrittweisen Verbesserungen der gesetzten Bedingungen: Die Erzieher machten die Erfahrung, daß es sich lohnte, Initiativen zu ergreifen und sich für bessere Arbeitsbedingungen aktiv einzusetzen. Sie haben damit ihre Fachkompetenz als Erzieher bestärkt und schätzen heute ihre berufspolitische Lage gewiß kritischer ein als früher, jedoch mit weniger Resignation und Passivität.

Wir behaupten – auch aufgrund von Erfahrungen mit anderen Einrichtungen als den Modellkindergärten –, daß in jeder Einrichtung Freiräume vorhanden sind, die sich zur Verbesserung der Arbeitsmöglichkeiten nutzen lassen. Wir meinen also, daß es falsch wäre, jede inhaltliche Verbesserung der pädagogischen Arbeit durch den Verweis auf die ungünstigen Arbeitsbedingungen von vorneherein abzulehnen.

Durch ein Neuüberdenken der Arbeitsweise des Kindergartens läßt sich mehr verbessern, als zunächst erwartet werden kann. Dieses Buch möchte durch Anregungen und Erfahrungen aus anderen Einrichtungen helfen, solche Ansatzpunkte und Freiräume aufzuspüren, um zunächst auch unter den gegebenen Bedingungen die Arbeit in kleinen Schritten zu verbessern.

Um aber Mißverständnissen vorzubeugen: Es ist nicht unsere Absicht, Veränderungen der Arbeitsmöglichkeiten in Kindergärten für überflüssig zu erklären. Im Gegenteil, an vielen Punkten sehen wir deutlich die Notwendigkeit von Veränderungen (z. B. bei der Ermöglichung von genügend Vorbereitungszeit), nur sind wir der Meinung, daß Veränderungen der Arbeitsbedingungen auch von den Erziehern aktiv vorbereitet werden müssen, damit die jeweilige Richtung für sinnvolle Verbesserungen ihnen selbst und Außenstehenden sichtbar wird. Denn mit von „oben" angeordneten Pauschalregelungen ist es nicht getan, sie können nur einen Rahmen abstecken. Um dauerhafte und wirksame Verbesserungen der Arbeitssituation zu erreichen, müssen die Erzieher selbst in den Einrichtungen diesen Rahmen füllen. Sie werden deshalb Lösungen finden müssen, die den Bedingungen ihrer Einrichtung, also den besonderen Erfordernissen ihres Einzugsgebietes und den jeweiligen Möglichkeiten der einzelnen Mitarbeiter, entsprechen.

In den folgenden Kapiteln werden Anregungen vermittelt, die bei der Herstellung sinnvoller Arbeitsbedingungen helfen können. Diese Anregungen sind auf dem Hintergrund der inhaltlichen Entwicklungsarbeiten der Arbeitsgruppe Vorschulerziehung in Zusammenarbeit mit Erziehern aus Modellkindergärten entstanden und durch zusätzliche Erfahrungen aus Fortbildungsveranstaltungen mit Erziehern anderer Einrichtungen überprüft, erweitert und ergänzt worden. Dabei nehmen Hinweise und Überlegungen zur Teamarbeit einen relativ breiten Raum ein. Wir glauben, daß dem Mitarbeiterteam eine wichtige Funktion für die Weiterentwicklung der pädagogischen Arbeit des einzelnen Erziehers zufällt. Außerdem ist es das Forum, in dem über die pädagogische Arbeit und den dafür geeigneten organisatorischen Rahmen beraten wird und Änderungen in Zusammenarbeit mit dem örtlichen Träger und den Eltern beschlossen werden können.

2 Entwicklungen im Elementarbereich

2.1 Selbstverständnis des Kindergartens

In den sechziger Jahren wurden in der Bundesrepublik verschiedene Modellprogramme für den Elementarbereich geplant und teilweise auch realisiert. Ausgangspunkt und Anstoß waren kritische Überlegungungen zum Kindergarten, dem nachgesagt wurde, daß die Kinder in ihm zum einen zu wenig gefördert und zum anderen zu stark reglementiert würden. In der Folgezeit wurden erbitterte Auseinandersetzungen darüber geführt, was Kinder im Alter zwischen 3 und 6 Jahren lernen können oder zu lernen haben, ob sie unter genauer Anleitung oder aus eigenem Antrieb lernen sollen und ob die 5jährigen Kinder besser in der Vorschule oder im Kindergarten gefördert werden können. Diese Auseinandersetzungen hatten die betroffenen Eltern und Erzieher verunsichert. Sie fragten sich, welche Aufgaben der Kindergarten denn wirklich habe, ob er in seiner gegenwärtigen Form und damit auch die dort tätigen Erzieher überhaupt den gestellten Anforderungen entsprechen würden.

Erzieher erwarteten in jener Zeit, in der in den meisten Bundesländern mit Modellprogrammen zur Verbesserung der Kindergartenarbeit begonnen wurde, nicht selten, daß die mit den Modellprojekten befaßten Wissenschaftler aus dieser Unsicherheit herausführen würden, indem sie den richtigen und praktikablen Ansatz für die Kindergartenarbeit entwickeln. Diese Erwartung wurde aber nicht erfüllt. Mitunter entstand bei den Erziehern sogar der Eindruck, daß von den Vertretern der verschiedenen Modellprojekte überflüssige und unverständliche Richtungskämpfe ausgetragen wurden, und enttäuscht erkannten sie, daß viele Entwicklungen überhaupt nicht auf die konkrete Erziehungspraxis bezogen waren. Nicht wenige Erzieher glaubten, daß über ihren Kopf hinweg entschieden und entwickelt wurde, und stellten fest, daß Materialien für die Arbeit mit den Kindern, die zunehmend auf dem Markt angeboten wurden, sehr wenig für die Kindergartenarbeit brachten. Die Folgen dieser Erfahrungen waren in vielen Praxisstellen Resignation und das Gefühl, Reformen würden weitab von den realen Arbeitsbedingungen der Praxis geplant und somit folgenlos bleiben.

Wie konnte es zu dieser Situation kommen?

Die meisten Reformvorhaben der letzten Jahre beschränkten sich auf die inhaltliche Dimension der Kindergartenerziehung. Dabei wurde zuwenig berücksichtigt, daß außerhalb von Modellversuchen in zunehmendem Maße Anforderungen an Kindergärten gestellt werden, die mehr als nur inhaltliche Arbeitshilfen, z. B. Lernmaterialien oder Curricula, erforderlich machen. Mit dem Verweis auf neue Inhalte für die Kindergartenerziehung allein ist es nicht getan, denn bei deren Umsetzung in die Praxis tauchen zusätzliche, nicht minder wichtige Fragen auf, deren Klärung eine breite Verwirklichung neuer Ansätze erst möglich macht. Solche Fragen richten sich etwa auf das berufliche Selbstverständnis der Erzieher, auf die Arbeitsorganisation und die Arbeitsbedingungen in der Einrichtung sowie auf die Arbeitsweise in der Kindergruppe.

Angesichts widersprüchlicher Reformkonzepte und Anforderungen an die Kindergartenerziehung, aber nicht nur deshalb, muß gefragt werden, welchen Stellenwert der Kindergarten als Einrichtung zwischen Familie und den übrigen Bildungsinstitutionen der Gesellschaft hat:
– Wie läßt sich der familienergänzende Erziehungsauftrag konkretisieren?
– Soll man sich auf die Betreuung und Förderung der Kinder beschränken oder hat der Kindergarten in Zukunft mehr gemeinwesenorientierte Aufgaben?
– Hat der Kindergarten vorwiegend soziale Aufgaben zu erfüllen oder nimmt er in erster Linie Bildungsaufgaben wahr?
Solche Fragen lassen ahnen, wo die Schwierigkeiten liegen. Jede Einrichtung muß hier mit Bezug auf ihr besonderes Einzugsgebiet ein entsprechendes Selbstverständnis entwickeln. Eine Kindertagesstätte, die Kinder berufstätiger Eltern von morgens 7 Uhr bis abend 17 Uhr betreut, wird andere Schwerpunkte in ihrer Arbeit sehen als der Kindergarten, den die Kinder nur wenige Stunden täglich besuchen. Die Klärung der jeweiligen Aufgaben und Schwerpunkte wird für die Erzieher erschwert, weil den verschiedenen Aufgaben – den mehr sozialpädagogischen oder mehr bildungsorientierten – eine unterschiedliche Bewertung zukommt: Besser angesehen ist der Erzieher, der sich den mehr bildungsorientierten Aufgaben in einer kurzen Betreuungszeit widmen kann. Andere Erzieher, die aufgrund ihres Einzugsbereichs daneben eine Reihe von familienersetzenden und sonderpädagogischen Aufgaben leisten müssen, haben meistens größere Mühe, ihre Tätigkeit

als qualifizierte pädagogische Arbeit auszuweisen, und müssen sich oft noch mit ungünstigeren Arbeitsbedingungen begnügen.

Alle diese Fragen und Widersprüche bedürfen der klärenden Diskussion. In den einzelnen Einrichtungen wird sie geführt werden müssen, um eine Zielbestimmung für die pädagogische Arbeit zu entwickeln; zwischen den verschiedenen Einrichtungen wird die Diskussion notwendig sein, um die berufspolitische Interessenvertretung der Erzieher voranzutreiben.

Die Klärung des Selbstverständnisses und der Aufgabenschwerpunkte ist nichts Neues, wenn man sich die Entwicklung des Kindergartens bewußt macht. Neu ist vielleicht, daß sich die Erzieher selbst aktiver in die Selbstverständnisklärung einschalten. Die vergleichsweise kurze Geschichte des Kindergartens macht deutlich, daß die Erziehung der Kinder im Alter von 3 bis 6 Jahren in dafür eigens bestimmten Einrichtungen keine Selbstverständlichkeit ist, und daß im Lauf der Jahrzehnte die unterschiedlichsten Erwartungen an den Kindergarten herangetragen wurden. Ursprünglich war die institutionalisierte Kleinkindererziehung geschaffen worden, weil durch die gesellschaftliche Entwicklung die Erziehung vieler Kinder in den Familien gefährdet war. Der Kindergarten als sozialpädagogische Einrichtung wurde also erst notwendig, als zahlreiche Familien für die Erziehung der Kinder nicht mehr aufkommen konnten. Die ersten Kindergärten wurden deshalb nur für Kinder eingerichtet, deren Eltern mit der beginnenden Industrialisierung außer Haus erwerbstätig sein mußten. Für diese Kinder wurden damals die Vorstellungen für die Kindergartenerziehung entwickelt. Für die Kinder der wohlhabenden Schichten war es dagegen selbstverständlich, daß sie in der Familie erzogen wurden. Parallelen finden sich auch heute: Ein Kindergarten mit Vor- und Nachmittagsbetrieb wird als Zielgruppe andere Kinder haben als eine Tagesstätte bzw. ein Tagesheim in einem Industrieviertel oder gar ein werkseigener Kindergarten. Der Kindergarten in einem Dorf ist Kindern und Eltern vertrauter, er ist in der Regel auch stärker in das Gemeindeleben integriert als eine Einrichtung in der Stadt mit fünf oder mehr Gruppen.

Für den Erzieher gilt es also, die besonderen Lebensbedingungen der betreffenden Familien zu berücksichtigen und daraus Erziehungsvorstellungen für den Kindergarten zu entwickeln. Die Beispiele haben gezeigt, daß die Frage nach den Leitvorstellungen der Erziehung nicht unabhängig von der gesellschaftlichen Entwicklung und von unterschiedlichen Interessen und Wertmaßstäben gestellt werden kann. Auseinandersetzungen um verschiedene Richtungen sind also unumgänglich und notwendig.

Welche Zielvorstellungen lassen sich heute für die Kindergartenerziehung ausfindig machen?

– Kinder sollen möglichst frühzeitig in ihrer Intelligenz gefördert werden, damit sie gute Schulleistungen erbringen und später im Berufsleben erfolgreich sind.
– Kinder sollen solange als möglich in ihrer Spielwelt bleiben, denn der Ernst des Lebens beginnt ohnehin früh genug.
– Immer mehr Kinder haben Verhaltensstörungen und psychische Probleme, der Kindergarten soll versuchen, durch geeignete Maßnahmen die Kinder zu stabilisieren.
– Kinder sollen während der Berufsausübung ihrer Eltern möglichst gut versorgt sein und im Kindergarten das nötige Maß an Erziehung erhalten, welches die Eltern ihnen nicht mehr vermitteln können.

Sicher lassen sich noch viele andere Vorstellungen nennen, die in jeder Praxis bekannt sind. Hier soll nur beispielhaft gezeigt werden, daß widersprüchliche Vorstellungen aus unterschiedlichen Wertvorstellungen, Erfahrungshintergründen und Notwendigkeiten herrühren. So gesehen wäre es konsequent, wenn Entscheidungen über Arbeitsschwerpunkte in der Einrichtung direkt von den Erziehern in Zusammenarbeit mit Eltern, Kindern und anderen dem Kindergarten nahestehenden Personen getroffen würden, weil dann die besonderen Bedingungen des Einzugsgebietes, die Möglichkeiten der Mitarbeiter und die Lebenswirklichkeit der Kinder ausreichend berücksichtigt werden können. Das hätte dann aber auch Konsequenzen auf die Erwartungen, die der Kindergarten an die Ergebnisse von Modellversuchen und Reformvorhaben stellen kann: Er könnte Anregungen und Arbeitshilfen fordern, müßte aber in jedem Fall selbst entscheiden, was von den verfügbaren Texten und Materialien für ihn verwendbar ist.

2.2 Der Streit um die Vorschulerziehung

Die Kritik, die zu Anfang der Diskussion um die Vorschulerziehung laut wurde, richtete sich in erster Linie gegen den Kindergarten als „Bewahranstalt“, der die Lernfähigkeit der 3- bis 6jährigen verkenne und sie nicht entsprechend fördere. Noch 1970 erhielt die Kindergartenarbeit im „Strukturplan für das Bildungswesen" die folgende Charakterisierung:

„Die pädagogische Praxis des heutigen Kindergartens entspricht der Theorie des selbsttätig reifenden Kindes. Man wartet darauf, was das Kind in seiner Entwicklung 'selbsttätig' hervorbringt, um dann das herangereifte Vermögen zu stärken und zu fördern.
Die an diesen Leitgedanken orientierten Spiele und Tätigkeiten der heutigen Kindergärten bedeuten durchaus eine Bereicherung der Lebenswelt der Kinder. Der pädagogische Erfolg bleibt jedoch meist hinter dem zurück, was von einer modernen Kleinkindpädagogik im Kindergarten erwartet wird und nach neueren Forschungen auch erwartet werden darf. Überdies sind in den heutigen Kindergärten nicht genügend ausgebildete Kräfte vorhanden; es fehlt an Spiel- und Lernmaterial, Bewegungsfreiheit und Betätigungsmöglichkeiten für die Kinder. Die Theorie von der spontanen Selbstentfaltung des Kindes ist geeignet, solche Mängel zu verdecken, weil sie die Bedeutsamkeit der spezifischen Umweltbedingungen für die Entwicklung des Kindes unterschätzt.
Unter curricularem Aspekt wirkt das Geschehen im Kindergarten unsystematisch, ohne konkrete Zielvorstellungen und zufallsbestimmt, so sehr auch die einzelnen Tätigkeiten und Spiele die Umwelt der Kinder bereichern können" (Deutscher Bildungsrat 1970, S. 103 f.).

Die meisten Erzieher konnten sich diesem Vorwurf, unsystematisch zu arbeiten, nicht entziehen, weil sie selbst täglich erfahren mußten, daß sie aufgrund ihrer Ausbildung und der vorherrschenden großen Kindergruppen nicht viel mehr als die Beschäftigung und Betreuung der Kinder leisten konnten. Die Konsequenz, die in den folgenden Jahren aus dem teilweise zutreffenden Vorwurf gezogen wurde, war bedenklich: Das Vorhaben, die Kindergartenerziehung systematischer und zielorientierter anzugehen, führte zu einer einseitigen Entwicklung. Die Ziele lagen fast ausschließlich im Bereich des kognitiven Lernens, für den entsprechende Lernprogramme und didaktische Materialien entwickelt wurden. In einer programmatischen Schrift hieß es damals:

Zunächst sind den Kindergärtnerinnen für die Lösung der klassischen Aufgaben altersabgestufte und systematisch aufgebaute Anregungen und Anweisungen möglichst noch in zeitlicher Aufgliederung (etwa Monats- und Wochenplänen) in die Hand zu geben. Da diese Unterlagen noch nicht vorhanden sind, müssen sie in Teamarbeit möglichst bald erarbeitet werden. Vom Inhalt her gesehen sind einige wichtige Ergänzungen vorzunehmen. So ist die Gesundheitserziehung, die Bildung hygienischer Gewohnheiten, durch die *Einübung verkehrsgerechten Verhaltens* zu ergänzen. Im Rahmen der Sozialerziehung sind *systematische Partnerübungen* in spielerischer Form

durchzuführen (einander helfen, beschenken, aufeinander Rücksicht nehmen, bitten und danken). Innerhalb der musischen Erziehung mangelt es vor allem auf musikalischem und gymnastischem Gebiet an *systematisch aufgebauten Übungsspielen.* In gleicher Weise brauchen wir für die Aufgabe der muttersprachlichen Bildung ein im Schwierigkeitsgrad systematisch fortschreitendes *Sprachtrainingsprogramm*, in dem die Kinder an ansprechenden Beispielen und kleinen Übungs- und Denkaufgaben ihren Wortschatz erweitern, ihre Aussprache und ihren Ausdruck verbessern.
Die Erziehung kann, wie wir schon ausgeführt haben, durch planmäßige Unterweisungen und Übungen beträchtlich gesteigert werden. Im übrigen gibt die geplante Arbeit der Kindergärtnerin eine höhere Sicherheit, sie bietet auch die Chance einer größeren beruflichen Erfüllung. Mit unserem Vorschlag wollen wir keineswegs die immer wieder auf die Situation und den Augenblick bezogene Improvisation der Spielpflege abbauen. Ein gewisser Spielraum der freien Gestaltung muß gewährleistet sein. Diese Freiheit ist aber nur im Rahmen einer übergreifenden Ordnung erzieherisch im vollen Sinne wirksam; dies ganz besonders in Zeiten und Situationen, in denen die Kindergärtnerin Großgruppen von zwanzig, dreißig und mehr Kindern zu betreuen und zu fördern hat.
Im Laufe der nächsten Jahre werden wir den Kindergärtnerinnen (aber auch den Eltern) Bücher, Spiel- und Lernmaterial zur Verfügung stellen, die sie befähigen, die Kinder schrittweise für die Aufgaben des nächsten Lebenskreises – der Schule – vorzubereiten. Wir bezeichnen dieses Gebiet als *Vorschuldidaktik.* Im einzelnen handelt es sich um Anregungen und Anweisungen für die Durchführung von *Lernspielen*, von Kurzlektionen des *Lesenlernens*, des *Mathematikunterrichts*, des *Fremdsprachenunterrichts* und des *Schreibenlernens.* Wie weit Kindergarten und Familie von diesem Angebot Gebrauch machen können, ist im einzelnen noch nicht abzusehen. Wir sind uns darüber im klaren, daß eine optimale Erziehung des Vorschulkindes nur über eine qualifiziertere und intensivere Ausbildung und Fortbildung der Kindergärtnerin und der Eltern zu erreichen ist. An dieser Stelle wollen wir uns daran erinnern, daß wir die Vorschuldidaktik mit ihrer betonten Entwicklungsförderung der geistigen Fähigkeiten zeitlich klar zu begrenzen haben. Für die Dreijährigen wird sie täglich in einer halben Stunde, für die Vierjährigen in einer Stunde und für die Fünfjährigen in zwei Stunden durchzuführen sein. Wir werden, das ergibt sich aus dieser Aufstellung, für die Fünfjährigen die Einrichtung der obligatorischen Vorschulklasse zu fordern haben" (Lückert 1969, S. 43).

Viele Erzieher ordneten sich den Forderungen und der Kritik der neuen Vorschul-Experten unter: die einen resignativ, in der Meinung, die Wissenschaft habe eben immer recht, die anderen ehrgeizig und ihre bisherige sozialpädagogische Erfahrung vernachlässigend. Eine Reihe von Erziehern war aber mit dieser Richtung nicht einverstanden. Sie befürchteten einerseits eine Verarmung der breiten Förderungsmöglichkeiten des Kindergartens, andererseits eine problematische berufspolitische Entwicklung: In immer mehr Kindergärten wurden nämlich Vorschulgruppen für 5- und 6jährige eingerichtet. Es bestand die

Tendenz, Sozialpädagogen oder Erzieher, die als besonders tüchtig galten, in diesen Gruppen einzusetzen und sie besser als die übrigen Kollegen zu bezahlen. Einrichtungen, in denen derartige Regelungen verwirklicht wurden, erhielten damit eine zusätzliche Hierarchie im Mitarbeiterkreis, die sich meist als konfliktträchtig erwies.

Ein wesentlicher Grund für den – allerdings nur kurzlebigen – Erfolg vorschulischer Lernprogramme, Trainingsmappen und didaktischer Spiele lag darin, daß diese den Erziehern eine gewisse Sicherheit in der Arbeit vermittelt konnten: Man sah, was man gearbeitet hatte. Die eigene Arbeit näherte sich der von Grundschullehrern an, und das Bewußtsein darüber half nicht selten über manche Unsicherheit im Umgang mit Kindern und Eltern hinweg. Mit Förderungsprogrammen, die bis in einzelne Lernschritte ausgearbeitet waren, ließen sich auch Ausbildungsmängel und zuwenig eigene Initiative überbrücken – zumindest für die Dauer der gezielten Beschäftigung. Aber auch für Erzieher, die den Verschulungstendenzen des Kindergartens kritisch gegenüberstehen, war es nicht leicht, sich dagegen zu verwahren. Sprachtraining, Mengenlehre und Vorschuldenkspiele ließen sich gegenüber Eltern und Trägervertretern besser als wichtige Erziehungsarbeit ausweisen als die bisherige Arbeit. Die Ursachen, die Erzieher für diese Tendenz vermuteten, sind heute so aktuell wie damals:

„Das, was wir machen, ist für die Eltern gar nicht verständlich. Sie setzen sich erst dann mit einer Sache auseinander, wenn die Kinder was herzeigen können. Die Eltern sehen, was die Kinder gebastelt haben; was sie in ihren Arbeitsmappen getan haben; ob sie ein Bild gemalt haben, auf dem man möglichst gut erkennt, was es darstellen soll. Was aber mit dem Kind vor sich geht und was wir an Erziehungsarbeit leisten, das wissen die meisten Eltern nicht."
„Der Kindergarten wird in seiner Arbeit immer unterbewertet, weil es uns nicht um Leistung geht. Jedenfalls nicht um sichtbare und meßbare Leistung."
„Weil die Kinder keine Noten nach Hause bringen, sehen die Eltern nicht, daß bei uns überhaupt was gemacht wird."

Vertreter des Kindergartenbereichs in Politik und Trägerverbänden arbeiteten mit viel Engagement gegen die „Verschulung" des Kindergartens: Sie kritisierten das einseitig kognitiv und nach Leistungskriterien orientierte Lernen und warnten vor den Folgen einer verfrühten Erziehung zu Leistung und Wettbewerb der Kinder in einem Alter, in dem breite Bereiche der Persönlichkeit erst entwickelt werden. Gleichzeitig erkannten sie aber, daß der Kindergarten nur zu erhalten ist, wenn die Erzieher ihre Arbeit bewußter tun und besser nach außen vertreten können. Oft gerieten sie bei ihrer Argumentation für den Kindergarten in die Defensive. Nicht immer konnten sie sich auf die Praktiker in den Kindergärten stützen, weil die Erzieher unter dem Eindruck der wachsenden Kritik von verschiedenen Seiten und unter der großen Belastung durch zu hohe Gruppenstärken und mangelnde Vorbereitungsmöglichkeiten kaum ein Selbstverständnis in ihrer beruflichen Arbeit entwickeln konnten. Deshalb galt es, die Erzieher zu ermutigen, aus der Kritik am Kindergarten zu lernen:

„Irgendwo ist ein Angriff erfolgt auf ein friedliches, vielleicht ein wenig zu sehr in sich selbst verschlossenes Tal; die Bewohner sind zur Abwehr aufgerufen, aber wie sieht es mit ihrer Befestigung, wie mit ihren Abwehrkräften aus?
So oder ähnlich zeigt sich die Situation der sozialpädagogischen Praxis in bezug auf die obengenannten Probleme in unseren Einrichtungen. Der Stein, die Signalglocke waren „das frühe Lesenlernen", eine alarmierende Forderung an uns, an die Kinder in unseren Vorschuleinrichtungen und an ihre Eltern. Die Sache selbst, längst nicht so bedeutungsvoll und gravierend wie ihre Reklame und ihre Aufmachung – aber für uns ein Zeichen: wacht auf, besinnt euch auf das, was ihr könnt, auf das, was ihr Wesentliches tut, sagt es, zeigt es – aber auch: tut es besser, anders, mit stärkerer Reflexion, mit schärferer Selbstkritik, mit einer möglichst sachlichen, objektiv fundierten Aussage" (Buß 1969, S. 66).

In diesem Auszug aus einem Vortrag von Anneliese Buß wird die Sorge deutlich, der Kindergarten könnte sich dem Bestreben von Bildungspolitikern und Pädagogen, die 5jährigen in die Schule hereinzunehmen, nicht entschieden genug widersetzen. Inzwischen sind in fast allen Bundesländern Modellversuche durchgeführt worden, in denen die Förderung im Kindergarten mit derjenigen in Eingangsstufen an Grundschulen verglichen werden sollte. Dabei hat sich erwiesen, daß die 5jährigen in jeder der beiden Institutionen gut gefördert werden können, wenn intensive pädagogische Betreuung und breit gefächerte Förderungsangebote vorhanden sind. Die Ergebnisse haben also keine ausreichende Entscheidungsgrundlage für eine endgültige Zuordnung zum Kindergarten oder zur Grundschule erbracht (Bund-Länder-Kommission für Bildungsplanung 1976). Die Diskussion darüber läuft immer noch, und es entsteht der Eindruck, als ob sich die Argumente zugunsten des Kindergartens mehren: Die größere Familiennähe, die stärkere Verwurzelung im Einzugsgebiet, die Überschaubarkeit der Einrichtung im Vergleich zu den immer größer werdenden Schulkomplexen werden für

Kinder im Vorschulalter als besonders günstige Förderungsbedingungen angeführt. Die altersgemischte Gruppe mit ihren besonderen Möglichkeiten zur Sozialerziehung wird außerdem als Vorzug des Kindergartens genannt. Da der Entwicklungsstand bei gleichaltrigen Kindern je nach Sozialisationsbedingungen verschieden sein kann, bieten altersgemischte Gruppen im Vergleich zu den Jahrgangsklassen der Schule weitaus bessere Möglichkeiten zur entwicklungsgemäßen Förderung jedes einzelnen Kindes. Speziell für Kinder, die ganztags betreut werden müssen, hätte eine vorgezogene Einschulung besondere Nachteile: Auf sie käme dann bereits ein Jahr früher die Umstellung auf zwei neue Institutionen – Vorschulgruppe und Hort – zu. Nicht zuletzt lassen die häufiger werdenden Schulschwierigkeiten und die steigende Beanspruchung von Schulpsychologen und Erziehungsberatungsstellen zweifeln, daß ein früherer Einschulungstermin richtig wäre. Es scheint also, als ob man sich wieder des Kindergartens mit seiner ganzheitlichen Erziehung entsinnen würde.

2.3 Wo stehen wir heute?

Ganzheitliche Förderung, Sozialerziehung, Ausgehen vom Erlebnishintergrund der Kinder: das sind altbekannte Forderungen, die auch heute wieder an den Kindergarten gestellt werden. Heißt das nun, es soll alles wieder so werden wie vor den Reformen der sechziger und siebziger Jahre? Das ganz sicher nicht, denn aus Kritik und Reformen hat man gelernt, daß es notwendig ist, die Erziehungsarbeit stärker zu planen, Entscheidungen für bestimmte Erziehungsinhalte zu begründen und entwicklungsbedingte Lernmöglichkeiten intensiver zu nutzen.

In der letzten Zeit besinnt man sich wieder auf die vielfältigen Lernmöglichkeiten in der täglichen Lebenswirklichkeit der Kinder im Kindergarten in der Familie, auf der Straße usw. – Die Kinder dabei ernst zu nehmen und gemeinsam mit ihnen Lebenssituationen im unmittelbaren Alltagsgeschehen zu erschließen, wäre das Ziel einer Kindergartenerziehung, die situationsbezogen arbeiten will.[1] Freilich entsteht dabei wieder die alte Schwierigkeit, wie Außenstehenden die Arbeit im Kindergarten sichtbar zu machen ist. Jedoch muß die Erziehungsarbeit, die sich auf

(1) Die didaktischen Einheiten des Curriculums „Soziales Lernen" bieten Beispiele dafür, wie aktuelle Situationen im Leben der Kinder aufgegriffen und mit den Kindern erarbeitet werden.

die täglich passierenden Abläufe und Geschehnisse in der Kindergruppe bezieht, nicht unsichtbar und unbeschreibbar bleiben. Auch sie läßt sich vorüberlegen, auch für sie lassen sich im Nachbereitungsprozeß Überlegungen anstellen, die zu einer auch für Eltern verständlichen, beschreibbaren Erziehungskonzeption führen. Nur eines ist nicht zu leugnen: Diese Form der Erziehungsarbeit, die Entscheidungen in der Situation und deren kritische Überprüfung als Grundlage für die weitere Arbeit mit den Kindern verlangt, ist viel schwerer konsequent und bewußt durchzuführen als beispielsweise ein vorweg geplanter Lernprozeß, der mit didaktischen Materialien durchgezogen wird.

In vielen Kindergärten ist es üblich, einzelne gezielte didaktische Angebote zu machen und die Kinder in der übrigen Zeit frei spielen, malen, basteln oder werken zu lassen. Es gibt also viele verschiedene Aktivitäten im Laufe eines Tages, einer Woche, nur fehlt ihnen meist der inhaltliche Zusammenhang. Zwar bereitet sich der Erzieher sorgfältig für die einzelnen Lernangebote vor, doch was sich im täglichen Ablauf zwischen den Kindern ereignet, was sich zwischen ihnen und den Erziehern abspielt, was die Kinder selbst im freien Spiel entwickeln können, auf das alles ist er oft nicht vorbereitet. Bei diesen für Kinder sehr bestimmenden Aktivitäten ist ein Erzieher meist auf seine aktuelle Reaktionsfähigkeit und Praxiserfahrung angewiesen. Praxiserfahrung ist zwar nicht hoch genug einzuschätzen, aber wenn sie nicht ständig kritisch überprüft und weiterentwickelt wird, kann sie zum Übersehen neuer Bedingungen und Anforderungen führen.

3 Zur Arbeitsgestaltung in der Kindergruppe

Eine Arbeitskonzeption, wie sie im folgenden beschrieben wird, kann sich nicht nur auf die wenigen Anteile des Tagesablaufs beschränken, in denen gezielte Beschäftigungen angeboten werden. Es ist vielmehr notwendig, den gesamten Tagesablauf einzubeziehen und zusätzlich auch die Kontakte zu Eltern, Kollegen und anderen Erwachsenen als unmittelbare Konsequenz und Voraussetzung für die Arbeit mit den Kindern zu berücksichtigen. Der Kindergarten sollte in diesem Verständnis als Lebens- und Erfahrungsraum für alle Beteiligten begriffen und pädagogisch gestaltet werden.

Die folgenden Abschnitte beschreiben die Arbeitsweise in der Kindergruppe, die Kontakte im Einzugsbereich und schließlich die Zusammenarbeit mit Mitarbeitern in der Einrichtung. Diese Trennung wurde aus Gründen der Übersichtlichkeit vorgenommen. In der Praxis wird dagegen die Arbeit in der Kindergruppe in engem Zusammenhang mit der Elternarbeit und der Arbeitsorganisation im Team stehen.

3.1 Ansatzpunkte für die Entwicklung einer Arbeitskonzeption

Erziehungsziele – wie kann man sie bestimmen?

Was wollen wir eigentlich mit der Erziehung im Kindergarten bei Kindern erreichen? Wo auch immer diese Frage gestellt wird, z. B. auf einer Fortbildungsveranstaltung für Erzieher, werden fast durchweg die gleichen Zielsetzungen genannt: Die Kinder sollen selbständig und mündig werden, sie sollen lernen, sich in der Gruppe selbstbewußt und kooperativ zu verhalten, ihre Begabung und Kreativität soll gefördert und ihre psychische Stabilität soll gestützt werden. Wie kommt es, daß Erzieher sich schnell auf solche gemeinsamen Erziehungsvorstellungen einigen können?

Abgesehen davon, daß es in manchen Bundesländern Richtlinien oder Bildungspläne gibt, die solche gemeinsamen Zielsetzungen vorschreiben, liegt das daran, daß pädagogische Zielvorstellungen immer aus einem zeitbedingten Verständnis, aus politisch-sozialen und wirtschaftlichen Anforderungen eines gesellschaftlichen Systems resultieren.

Wenn hier vorausgesetzt wird, daß es solche zeit- und gesellschaftsbezogen übergreifende Zielsetzungen gibt, über die jeder Erzieher mehr oder weniger Bescheid weiß, heißt das dann auch, daß die davon abgeleitete praktische Arbeit in den verschiedenen Einrichtungen vergleichbar ist? Jeder weiß aus eigener Erfahrung, daß das nicht so ist und auch nicht so sein kann. Wie kommt es aber zu den unterschiedlichen Konkretisierungen?

Gerade bei der Umsetzung allgemeiner Erziehungsvorstellungen in die praktische Arbeit ergeben sich die schwerwiegenden Entscheidungen und Konsequenzen: Was z. B. selbständiges Verhalten eines Kindes ist, läßt sich nur in der Situation und mit Kenntnis des Kindes und dessen individueller Lerngeschichte bestimmen. Für ein Kind mag es schon eine selbständige Leistung sein, ein anderes um Hilfe zu bitten, während andere Kinder mühelos z. B. fremde Erwachsene um eine Auskunft bitten können. Genauso mag es für den einen Erzieher schon eine freizügige Haltung bedeuten, wenn er toleriert, daß sich die Kinder im Sommer bei Matsch- und Wasserspielen ausziehen, während für einen anderen die Freizügigkeit erst beim Tolerieren von Doktorspielen beginnen würde.

Die Überlegungen zur Umsetzung von Zielsetzungen in ganz konkrete Ereignisse eines Tagesablaufs mit Kindern sind also ein wichtiger Schritt bei der Entwicklung einer Arbeitskonzeption. Wenn man dabei mit Kollegen anhand von Beispielen aus der eigenen Gruppe Erfahrungen und Meinungen austauscht, merkt man schnell, daß auf dieser Ebene durchaus Meinungsverschiedenheiten auftreten. Hier nämlich wird es notwendig, zwischen verschiedenen Wertvorstellungen abzuwägen und zu entscheiden. Nur wenn auf dieser konkreten Ebene eine Abstimmung über die Erfordernisse und Möglichkeiten des Praxisfeldes und eine Klärung der Wertmaßstäbe eines jeden erfolgt, kann ein Team zu einer durchdachten Zielbestimmung für seine praktische Arbeit gelangen.

Nehmen wir als Zielvorstellungen einer Kindergartenerziehung einmal an, daß die Kinder ein Stück weit mehr an Bewußtsein, an sachkundiger und sozialverantwortlicher Handlungsfähigkeit und Kooperationsbereitschaft erwerben sollen, dann stellt sich die Frage, durch welche Inhalte und über welche Erfahrungen sie solche Eigenschaften am besten erwerben können.

Lerninhalte – wie findet man die richtigen?

In den letzten Jahren haben sich Eltern, Erzieher und Wissenschaftler viele Gedanken darüber gemacht, was Kinder alles lernen sollen, bevor sie in die Schule kommen. Inzwischen hat sich herausgestellt, daß Kinder sehr vieles lernen können, vorausgesetzt, der Lernstoff wird „kindgemäß“ verpackt. Eine Reihe von Reformprogrammen der letzten Zeit ging von derselben Überlegung aus, die auch die Grundschulreform bestimmt hatte: Man glaubte, die grundlegenden Erkenntnisse und Verfahrensweisen der Wissenschaften seien genau die richtigen Inhalte, um Kinder auf das Leben in der Gegenwart vorzubereiten. Diese Konzepte waren zweifellos eine Reaktion auf die unsachliche, übertriebene „Verkindlichung“, die manche Pädagogen glaubten anwenden zu müssen, um Kindern die Welt zu erklären. So lernten die Kinder z. B. Elementarmathematik und grundlegende Gesetzmäßigkeiten der Naturwissenschaften kennen. Allerdings konnte niemand genau angeben, was die Kinder von diesen Kenntnissen behalten würden und wieviel sie davon anwenden könnten. Kritiker wandten außerdem ein, den Kindern würden sich bei solchen Lernprogrammen weniger die dargebotenen Inhalte einprägen als die disziplinierenden Lernmethoden und die Erfahrung, daß Lernen zwar anstrengend ist, aber wenig mit den eigenen Lebensproblemen zu tun hat. Ergebnisse der Motivationsforschung haben gezeigt, daß Kinder langfristig vor allem durch Lernprozesse beeinflußt werden, die im Zusammenhang mit für sie wichtigen Erlebnissen oder mit ihren Interessen verlaufen. Bisher geschehen diese nachhaltig wirksamen Lernprozesse zu einem großen Teil vom Erzieher unbemerkt und ungefördert, während oft noch solche Lernprozesse der Kinder geplant und betreut werden, denen letztlich keine so große Bedeutung zukommt. Welche Konsequenz läßt sich aus dieser Erkenntnis ziehen?

In seiner Vor- und Nachbereitung wird der Erzieher herausfinden müssen, wo sinnvolle Lernsituationen für die Kinder in deren eigenem Erlebnisbereich entstehen könnten. Es geht also darum, alltäglich Erfahrungen bewußt als Lernsituationen zu verstehen und weiterführende Lernmöglichkeiten darin zu erschließen. Was alles im Kindergarten an Erfahrungsmöglichkeiten für die Kinder erschlossen und weitergeführt werden kann, soll in einem eigenen Abschnitt beschrieben werden.

Für die Entwicklung einer Arbeitskonzeption ist es wichtig, die vielen Möglichkeiten und Aktivitäten, die sich im Tagesablauf der Kinder, aus ihren Erlebnissen und aus der Organisation des Kindergartens ergeben, nicht vereinzelt als Arbeitsschritte zu sehen. Vielmehr sollten alle Aktivitäten – die von Kindern spontan eingebrachten wie auch die vom Erzieher vorbereiteten – in einen für Kinder begreifbaren Zusammenhang und in für sie überschaubare Handlungszusammenhänge gebracht werden. Aus diesen Lernprozessen lassen sich dann gemeinsam weitere Aktivitäten, z. B. freie Spiele, anregen und gezielt weiterführen. Ziel einer solchen pädagogischen Arbeit ist es, Kinder auf gegenwärtige und zukünftige Situationen ihres Lebens vorzubereiten und sie in ihnen handlungsfähiger zu machen.

Was bestimmt das Leben der Kinder?

Um Kindern ihren eigenen Erlebnisbereich verständlicher zu machen, muß der Erzieher die Lebensumstände jedes einzelnen Kindes gut kennen. Nur dann kann er entscheiden, wo Kinder mehr Sachwissen benötigen oder wo ihnen Erfahrungen im Umgang mit anderen fehlen, um selbständiger, sachkundiger und kooperativer zu werden. Dieser erste Schritt zur Entwicklung einer Arbeitskonzeption umfaßt aber mehr als ein einmaliges Gespräch bei der Anmeldung des Kindes oder einen Blick in dessen persönliche Akten; er wird auch nicht von einem Erzieher allein geleistet werden können: Der beständige Austausch mit Kollegen, Eltern und anderen Bezugspersonen, sowie das Gespräch mit dem Kind und Beobachtungen, wie es sich in der Gruppe verhält, sind dabei wichtige Anhaltspunkte.
Um folgende Fragen geht es:
– Wie wachsen die Kinder auf?
– Gibt es feststellbare unterschiedliche Erziehungsbedingungen in den Elternhäusern?
– Welche Arbeitsplätze haben die Eltern?
– Kennen die Erzieher die Arbeitsbedingungen der Eltern oder können sie nur Vermutungen darüber anstellen?
– Gibt es große Unterschiede zwischen einzelnen Gruppen der Elternschaft oder leben die Familien unter vergleichbaren Bedingungen?
– Unter welchen räumlichen Bedingungen wachsen die Kinder auf?
– Kann der Erzieher bei sich selbst bereits bestimmte Einschätzungen oder Vorurteile über manche Eltern feststellen?

– Welche Erwartungen stellen die Eltern an den Kindergarten?
– Wie hoch ist bei welchen Eltern das Interesse an der Kindergartenarbeit?
– Wie könnte es gegebenenfalls erhöht werden?
– Gibt es Konflikte zwischen Eltern und Kindergarten im Hinblick auf Erziehungsziele?
– Wurde bereits versucht, die Eltern an der Kindergartenarbeit zu beteiligen, sie mit ihren Fähigkeiten und Möglichkeiten einzubeziehen?
– Wie finden sich die Kinder im Kindergarten zurecht?
– Sind die Kinder bereits an den Umgang mit anderen Personen, z. B. gleichaltrigen Kindern gewöhnt oder erlebten sie bisher ausschließlich Kontakte zu ihren Eltern?
– Was müssen die einzelnen Kinder nach Meinung der Erzieher vor allem lernen?
– Mit welchen Kindern in der Gruppe hat ein Kind mehr Kontakte, mit welchen weniger? Woran kann das liegen?

Wie kann man alle Kinder ansprechen?

Wenn Ereignisse im Leben der Kinder, Erlebnisse, die sie beschäftigen, und Fragen, die sie stellen, zum Ausgangspunkt für weiterführende pädagogische Aktivitäten gemacht werden, dann wird nicht jedes Angebot, nicht jede gezielte Unternehmung für alle Kinder in gleicher Weise interessant sein können. Bei der Entwicklung einer Arbeitskonzeption muß sich der Erzieher deshalb überlegen, wie er den unterschiedlichen Entwicklungsvoraussetzungen und Erfahrungshintergründen der einzelnen Kinder gerecht werden kann.

Im Kindergarten sind 3- bis 6jährige im gleichen Maße zu betreuen. Eine Trennung in altersgleiche Fördergruppen halten viele Praktiker heute, nach mehrjähriger Erfahrung mit solchen Gruppen, für problematisch: Jeder weiß aus der täglichen Arbeit, daß gleichaltrige Kinder durchaus nicht auf demselben Entwicklungsstand sind und auch nicht über die gleichen Erfahrungen verfügen. Werden Gleichaltrige zusammengefaßt – etwa nach dem Jahrgangsklassenprinzip der Schule – und denselben Lernprozessen unterzogen, so ist mit hoher Wahrscheinlichkeit zu erwarten, daß sich die Unterschiede in der Förderung nicht verringern, sondern eher vergrößern. Dieses Problem entsteht vor allem, wenn der Erzieher keine oder nur wenig Zeit hat, um sich den Langsameren speziell zu widmen. Die geförderten, selbstbewußteren und aufgeweckteren Kinder werden dann ein Erfolgserlebnis mehr für sich verbuchen können, während die benachteiligten, in ihrer Entwicklung rückständigen Kinder wieder einmal die Erfahrung machen müssen, daß andere besser sind.

Dies mag einer der Gründe sein, weshalb die Idee, Lernen im Kindergarten nach Art der Schule in altersgleichen Gruppen mit jeweils gleichem Stoffangebot zu organisieren, schnell ihre Anziehungskraft verloren hat. Ein anderer Grund liegt in der Erfahrung der Erzieher, daß in den Gruppen der 3- und 4jährigen nur sehr mühsam pädagogisch gezielt gearbeitet werden kann.

Dagegen haben altersgemischte Gruppen den Vorteil, daß Entwicklungsunterschiede auch für die Kinder tagtäglich erlebbar sind. Die Kinder lernen in der Gruppe mit solchen Unterschieden umzugehen, einander zu unterstützen und um Rat zu fragen. In altersgemischten Gruppen gibt es also nicht mehr nur das drastische Gefälle zwischen den Erwachsenen, die – in den Augen der Kinder – alles wissen und können, und den Kindern, die all dies noch lernen müssen. Dazwischen gibt es eine Reihe erfahrener Kinder, die bereits besser Bescheid wissen und ihr Mehrwissen an die anderen weitergeben können.

Wenn Erzieher solche ständig ablaufenden Lernprozesse zwischen den Kindern unterstützen und, statt die besonderen Leistungen einzelner, Kooperation und gegenseitige Verantwortlichkeit hervorheben, dann bringt dies auch ihnen eine beträchtliche Entlastung: Die Kinder organisieren vieles selbständiger, sie entwickeln ein Gefühl dafür, was sie einander zutrauen können und wo sie tatsächlich ohne Hilfe von Erwachsenen nicht weiterkommen. Für Erzieher, die auf altersgemischte Gruppen umgestellt haben, war die Arbeit nach Anfangsschwierigkeiten befriedigender. Allerdings mußten sie im Laufe der Zeit ihre Arbeitsweise grundlegend umstrukturieren: Sie sind weitgehend abgekommen von der Tageseinteilung in Freispiel und gezielte Angebote. Beschäftigungen in der Gesamtgruppe wurden durch die Arbeit in Kleingruppen abgelöst. Im Gruppenraum ereignen sich auf diese Weise gleichzeitig die verschiedensten Aktivitäten. Bei dieser Arbeitsform müssen sich die Erzieher jedoch soviel Überblick verschaffen, daß sie entscheiden können, welche der Untergruppen weiterführende Ideen braucht und welche ohne Hilfe weiterkommt. Es geht also nicht darum, daß alle Kinder gleichzeitig und in gleicher Weise angesprochen werden. Wichtiger wäre es, daß die Kinder an den Stellen mitarbeiten und mitgestalten können, die für sie von Bedeutung sind.

Vielleicht können Fragen wie die folgenden eine Hilfe für die Zielbestimmung der Arbeit in Kleingruppen sein:
– Welche entwicklungsbedingten Unterschiede gibt es zwischen den Kindern?
– Lassen sich für bestimmte Untergruppen, die nicht nach Alter gegliedert sein müssen, bestimmte Lernnotwendigkeiten erkennen?
– Gibt es Kinder, die aus vergleichbaren Familienverhältnissen kommen – etwa Gastarbeiterkinder, Einzelkinder, Kinder aus unvollständigen Familien – und im Kindergarten ähnliche Erfahrungen machen sollten (z. B. stärker in die restliche Gruppe integriert zu werden)?
– Gibt es in der Gruppe Kinder mit verwandten Interessen?
– Gibt es in der Gruppe Kinder mit stereotypen Verhaltensweisen, die an andere Beschäftigungen herangeführt werden müßten (z. B. Jungen, die sich immer nur in der Bauecke aufhalten, oder Mädchen, die sich nie an wildere Spiele wagen)?
– Gibt es besonders schüchterne Kinder, die keinen Kontakt zu den anderen finden?
– Gibt es Kinder, die nie konzentriert bei einem Vorhaben bleiben können und nichts zu Ende bringen?
– Wo könnte die Erzieherin einzelne Aufgaben ein Stück weit auf die Kinder übertragen?
– Gibt es in der Gruppe Kinder, die besonders selbständig sind, so daß man ihnen bereits ein Stück Verantwortung für die Kleineren zutrauen könnte?
– An welchen Stellen könnten gemeinsame Aktivitäten (z. B. Gemeinschaftsarbeiten oder gemeinsam organisierte Unternehmungen) gefördert werden?
– Sind Regelungen im Kindergarten für die Kinder so verständlich, daß sie diese einander selbst erklären können?

Die Arbeit mit wechselnden Kleingruppen wird leichter zu bewältigen sein, wenn sich zwei erwachsene Bezugspersonen ständig untereinander abstimmen. Eine Hilfe für die Arbeit sind Gruppenräume mit flexiblen Untereinheiten, so daß sich die einzelnen Kleingruppen ohne Störung durch andere beschäftigen können.

Wie können Kinder den Kindergarten mitgestalten?

Wenn Erzieher bei der Kindergartenarbeit am unmittelbaren Erlebnisbereich der Kinder ansetzen wollen, genügt es nicht, nur die Lebensumstände der Kinder in ihren Familien zu untersuchen. Auch der Kindergarten selbst ist ein Erfahrungsraum, der die Kinder prägt: Welcher Art die Regeln sind, die hier befolgt werden müssen, welche Beschäftigungsmöglichkeiten hier gegeben sind und wie die Beziehungen zu den verschiedenen Personen – den anderen Kindern, den Erziehern, dem hauswirtschaftlichen Personal und der Nachbarschaft des Kindergartens – verlaufen, dies sind bestimmende Faktoren, wie Kinder diese zumeist erste, recht einschneidende Erweiterung ihres engen familiären Erfahrungsbereiches erleben.

Ist der Kindergarten der geeignete Erfahrungsraum, um Kinder auf das Leben in größeren gesellschaftlichen Gruppen vorzubereiten? Wie erleben die Kinder den Kindergarten? Ist es etwa eine befriedigende Auskunft, wenn ein Kind auf die Frage, warum es in den Kindergarten kommt, nur sagen kann: „Die Kinder werden in den Kindergarten gebracht, damit sie spielen können, dann sind sie nicht allein zu Hause"?

Im allgemeinen kann davon ausgegangen werden, daß Kinder nach einer kürzeren oder längeren Eingewöhnungszeit langsam lernen, sich an die vorhandenen Regeln zu halten und sich in der neuen Umgebung zurechtzufinden: „Die Kinder haben sich an den Kindergarten angepaßt", heißt es dann, „man kann jetzt mit ihnen arbeiten". Aber wurden damit nicht bereits wichtige Lebenschancen vertan, z. B. Chancen, Kinder ihre Umwelt mitgestalten und dabei wichtige Erfahrungen machen zu lassen? – Warum sollen Kinder nicht mehr darüber erfahren, warum sollen sie nicht selbst Auskunft geben können, weshalb sie in den Kindergarten geschickt werden, was sie dort lernen können, was ihnen dort gut und was ihnen am Kindergarten weniger gefällt? – Warum sollen die Erzieher die vielen täglich anfallenden Probleme im Alleingang lösen, wenn es genauso möglich ist, die Kinder mitüberlegen zu lassen? – Kinder können genauso gut überlegen, wie die Möbel im Gruppenraum praktisch angeordnet werden; sie können auch einmal selbst eine Geburtstagsfeier organisieren. Warum sollen Kinder nicht auch ihr zweites Frühstück im Kindergarten selbst zubereiten oder mit der Putzfrau verhandeln, wenn sie ihre Bauwerke länger stehenlassen wollen? – Zumindest können sie das alles lernen, und je mehr man ihnen ernsthafte Tätigkeiten zutraut, desto eher werden sie umsichtig zu handeln verstehen.

Nicht um die Gewöhnung an den Kindergarten geht es also, sondern darum, daß Kinder den Kindergarten als ihren Lebensraum ernstnehmen und lernen, ihn mitzugestalten. Das bedeutet allerdings auch, daß Kinder und Erzieher scheinbar selbstverständliche Gegebenheiten neu überdenken, bisher vertraute Regelungen auf ihre Zweckmäßigkeit hin überprüfen und sie gegebenenfalls neu fassen. Ebenso werden die Erzieher versuchen müssen, weniger *für* die Kinder zu planen, sondern gemeinsam *mit* ihnen Lernmöglichkeiten zu erschließen und zu organisieren. Das Geschehen in der Gruppe wird dadurch immer mehr von den Kindern mitgetragen. Kinder und Erzieher machen so den Kindergarten gemeinsam zu ihrem Kindergarten. Die vielen Erfahrungen und Lernprozesse, die alle dabei machen, müssen in die Überlegungen zu einer Arbeitskonzeption einbezogen werden. Wenn das unmittelbare Alltagsgeschehen im Kindergarten zum Lernfeld wird, dann ist der Kindergarten nicht mehr die Spielwelt, die – abgehoben von der Wirklichkeit – die Kinder in einem Schonraum beläßt, sondern er ist ein Stück Leben.

Wo können Kinder im Kindergarten mehr mitgestalten? Wie kann im Kindergarten mehr Lebensnähe erreicht werden? – In der täglichen Praxis ergeben sich viele Anhaltspunkte, auf die durch einige Fragen aufmerksam gemacht werden soll:
– Werden die Kinder bei regelmäßig anfallenden Arbeiten im Kindergarten mitbeteiligt (z. B. Blumen pflegen, Essen austeilen, Frühstücksgeschirr abspülen)?
– Können die Kinder für bestimmte Tätigkeiten schon ein Stück Verantwortung übernehmen?
– Haben die Kinder Kontakte zum hauswirtschaftlichen Personal in der Einrichtung? Wissen sie über dessen Arbeit Bescheid?
– Können die Kinder selbst Vorschläge für zweckmäßige Regelungen (z. B. zur Benutzung von Waschraum und Garderobe oder zur Aufbewahrung von Spielmaterialien) einbringen?
– Gibt es so etwas wie eine Hausordnung im Kindergarten? Von wem stammt sie? Ist sie für die Kinder verständlich? Konnten sie bei ihrer Erstellung einbezogen werden?
– Sind die Kinder auf Gruppenräume und Außenspielflächen beschränkt oder werden auch andere Räume im

Kindergarten (z. B. Flure, Keller, Treppenhaus) pädagogisch genutzt?
– Sind Räume, beispielsweise das Büro der Leiterin, das Mitarbeiterzimmer oder die Küche, für die Kinder tabu oder dürfen sie sich hier aufhalten?
– Können Kinder mit Materialien aus der Erwachsenenwelt umgehen (z. B. mit Werkzeugen) und nützliche Dinge herstellen (z. B. Spielzeug reparieren, Essen zubereiten)?
– Welche Materialien überwiegen im Gruppenraum: didaktisches Spiel- und Lernmaterial, pädagogisch wertvolles Spielzeug, Materialien zum kreativen Gestalten, Gebrauchsgegenstände aus der Erwachsenenwelt, vielseitig verwendbare Gegenstände?
– Können die Kinder Spielmaterialien verändern oder selbst herstellen? Dürfen sie von zu Hause welche mitbringen?
– In welchem Verhältnis stehen die Spielangebote im Kindergarten zu den eigenen Spielzeugen der Kinder – zu ihren Spielen außerhalb des Kindergartens (mit Freunden, Geschwistern auf der Straße und zu Hause)?
– Können sich die Kinder selbst entscheiden, mit welchen Materialien sie sich beschäftigen? Sind Materialien frei zugänglich oder werden sie durch die Erzieher zugeteilt?
– Hat jedes Kind im Gruppenraum einen Ort, wo es persönliche Dinge unterbringen kann?
– Nach welchen Gesichtspunkten wurde der Gruppenraum eingerichtet? Ging es darum, ihn möglichst überschaubar und ordentlich zu halten oder wurde mehr Wert auf Behaglichkeit gelegt?
– Ist der Gruppenraum unterteilt, so daß sich einzelne Untergruppen nicht stören?
– Können die Kinder sich Spielecken schaffen, die nicht sofort einsehbar sind (z. B. durch Vorhänge, Regale auf Rollen, Kartons)?
– Gibt es gemütliche Rückzugsmöglichkeiten für einzelne Kinder?
– Gibt es Einrichtungsgegenstände, die Geschenke von Eltern sind?
– Gibt es Hinweise im Kindergarten, die im Bezug zur näheren Umgebung stehen, z. B. Fotos, Stadtpläne?

Man sieht, es müssen viele Zusammenhänge bedacht werden, wenn man eine Konzeption für die eigene Arbeit entwickeln will. Wer damit beginnt, wird zunächst einmal die Erfahrung machen, daß er zwar mehr Aufschluß über die Hintergründe der täglichen Arbeit gewinnt, vielleicht auch das eigene Erziehungsverhalten kritischer einzuschätzen beginnt, er wird aber in der täglichen Arbeit noch wenig unmittelbaren Nutzen entdecken. Überlegungen zur Planung der Erziehungsarbeit müssen sich deshalb anschließen. (Eine Reihe von Anregungen, wie der Kindergarten zum lebensnäheren Lernort umgestaltet werden kann, finden sich in der neubearbeiteten 3. Auflage des Bandes „Arbeitsgruppe Vorschulerziehung: Anregungen II. Zur Ausstattung des Kindergartens", München 1976.)

3.2 Wie kann man Erziehungsarbeit planen?

In Gesprächen mit Erziehern tauchen zur Arbeitsplanung im Kindergarten Fragen wie die folgenden auf. Soll man die Arbeit für eine Woche, für einen Monat, für ein Jahr vorausplanen? Wie kann ein Rahmenplan in die tägliche Arbeit umgesetzt werden? Wie und in welchem Umfang können spontane Anregungen der Kinder akzeptiert und aufgegriffen werden? Wie kann man die Eigeninitiative der Kinder mit einem Arbeitsplan vereinbaren? Diese oder ähnliche Fragen machen deutlich, daß zunächst einmal ein Widerspruch besteht in dem Vorhaben, die Arbeit systematisch zu planen und gleichzeitig die Eigeninitiative der Kinder zu fördern und zu unterstützen. Wie entsteht dieser Widerspruch?

Viele von uns haben – bedingt durch Erfahrungen und Anleitungen in Schule und Ausbildung – eine enge Vorstellung von Planung, und diese läßt sich nur schwer auf die Arbeit mit Kindern übertragen. Man hat gelernt, daß eine Arbeitsplanung Zeit und Dauer einer Beschäftigung, die Ausarbeitung eines Themas und die Vorbereitung der benötigten Materialien umfaßt. Für besonders geglückt wird eine Planung in der Regel dann gehalten, wenn das beabsichtigte Vorgehen gut gegliedert und übersichtlich dargestellt ist. – Diese Vorgehensweise, bei der das Geschehen in der Kindergruppe vorgedacht und durch Handlungsanweisungen festgelegt wird, läßt fragen, welcher Wert dabei der Eigeninitiative der Kinder beigemessen wird.

Befürworter einer so strikten Planung werden hier einwenden, daß die Kinder wenigstens für eine begrenzte Zeit am Tag effektiv etwas lernen müßten. Sie werden darauf verweisen, daß ja nicht der gesamte Tagesablauf in einer Kindergruppe in dieser Form vorgeplant wird: Im Freispiel hätten die Kinder genügend Gelegenheit, eigenen Ideen nachzugehen. Doch genügt der Hinweis auf das Freispiel, um damit Lernphasen zu rechtfertigen, in denen Eigeninitiative und spontanes Gestaltungsvermögen der Kinder zugunsten einer vorausbestimmten Lernschrittabfolge vernachlässigt werden? Diese Frage erscheint um so angebrachter, je mehr im Freispiel selbst Ansatzpunkte zu lebensnahem Lernen, Fragen der Kinder, ungelöste Probleme oder Konflikte, die zum Abbruch des Spiels führen, übersehen werden.

Wir wollen im folgenden zwei Beispiele aus dem Kindergarten – einen Wochen- und einen Monatsplan – anführen. Im ersten Beispiel haben die Erzieher einzelne Angebote für jeweils einen Wochentag vorbereitet, im anderen Fall wurde ein umfassendes Thema für einen ganzen Monat geplant und wurden einzelne Angebote vorbereitet, die im Laufe einer Woche mit den Kindern durchgeführt werden sollten (siehe die beiden folgenden Seiten).

An diese Beispiele für eine Arbeitsplanung – wir meinen, es sind typische – sollen nun einige Überlegungen angeschlossen werden, die jeder an seine eigene Arbeitsplanung richten kann:
– Wie kommt es zu der Auswahl der Themen und Inhalte? Sind das besonders wichtige Lerninhalte für die Kinder? Haben die Angebote Bezug zu den sonstigen Erfahrungen der Kinder im Kindergarten?
– In welchem Verhältnis stehen die Angebote zum familiären Erfahrungshintergrund der Kinder? Kann man annehmen, daß die durchgeführten Angebote den Kindern bei der Bewältigung ihrer Lebenssituationen helfen?
– Welchen Erfahrungswert haben die geplanten Angebote für die Kinder?
– Jeder Erzieher wird das Ziel haben, einen Lerngegenstand für die Kinder so vorzubereiten, daß sie möglichst viel verstehen und behalten können. (Der hier abgedruckte Monatsplan zum Thema „Herbst" ist ein Beispiel dafür). Aber folgt das Lernen der Kinder den systematischen Überlegungen der Erwachsenen? Ist der inhaltliche Zusammenhang zwischen einem Bilderbuch und einem Thema aus naturwissenschaftlicher Sachkunde für die Kinder einleuchtend? Können sie die erworbenen Einzelkenntnisse und -erfahrungen in einen Sinnzusammenhang bringen oder erleben die Kinder die verschiedenen Beschäftigungen zu einem Rahmenthema als zusammenhängende Einzeltätigkeiten? Was können die Kinder mit übergreifenden Themenstellungen anfangen, wenn sie ihre Erfahrungen ganz anders verarbeiten, als es die Erwachsenen aufgrund ihrer Abstraktionsfähigkeit vermögen?

WOCHENPLAN

Montag	*Dienstag*	*Mittwoch*	*Donnerstag*	*Freitag*
1. Freispiel	1. Freispiel	1. Freispiel	1. Freispiel	1. Freispiel
2. Kartoffeldruck	2. Bilderbuch: „Pling, Plang, Pling, die Regentropfen“	2. Arbeitskreis Rhythmisches Blumenspiel	2. Farbschlange	2. Schleife binden
3. Logische Blöcke, rund und eckig	3. Kreislauf des Wassers	3. Die Aufgaben des Regens und der Sonne	3. Logische Blöcke	3. Collage: Kleidungsstücke passend zum Wetter aufkleben

MONATSPLAN: OKTOBER (THEMA: HERBST)

1. Woche: Das Wetter

Einführungsgespräch:	Wetterveränderung, veränderte Kleidung; Veränderung des Naturbildes; Veränderung des Tagesablaufs
Liedeinführung:	„Der Wind schleicht wie ein Räubersmann“
Bildnerisches Gestalten:	Basteln einer Windmühle
Bilderbuchbetrachtung:	„Jetzt ist es Herbst“

2. Woche: Bäume und Sträucher

Einführungsgespräch:	Der Blattfall und die Blattfärbung
Liedeinführung:	„Falle, falle . . .“
Spieleinführung:	„Wollt ich in den Garten gehen“ – „Spannenlanger Hansel“
Bildnerisches Gestalten:	Männchen und Tiere aus gepreßten Blättern, Blattdurchrieb
Bilderbuchbetrachtung:	„Alle meine Blätter“

3. Woche: Tiere

Einführungsgespräch:	Die Tiere bereiten sich im Herbst auf den Winter vor: Winterschlaf, Fellveränderung, Vorratssammlung
Bildnerisches Gestalten:	Aus Kastanien und Eicheln Figuren und Tiere basteln
Bilderbuchbetrachtung:	„Frederick“

4. Woche: Obst

Einführungsgespräch:	Steinobst – Kernobst, Erklärung des Unterschieds, Zugehörigkeit verschiedener Früchte bestimmen
Liedeinführung:	„Wenn es Äpfel regnet und Birnen schneit“
Bildnerisches Gestalten:	Apfelkerne sammeln, daraus Ornamente kleben
Bilderbuchbetrachtung:	„Der Apfel und der Schmetterling“
Hauswirtschaftliche Beschäftigung:	Bratäpfel

– Wie kommt es zu der Entscheidung über bestimmte Beschäftigungsformen? Werden Beschäftigungen gewählt, die sich besonders gut vorbereiten und planen lassen? Sind es Tätigkeiten, die sich besonders gut nach außen darstellen lassen? Was steht im Vordergrund: das erarbeitete Produkt (etwa eine möglichst perfekte Bastelarbeit, ein Bild, ein Lied, das die Gruppe möglichst fehlerfrei singen kann) oder die Arbeit am Produkt und die Auseinandersetzung damit? Wieviel Aufwand ist erforderlich, um das Interesse der Kinder für eine Beschäftigung zu wecken? Wieviel Mühe wird es kosten, die Kinder „bei der Sache" zu halten?
– Wie werden die vorbereiteten Angebote in den Tagesablauf eingebunden? In üblichen Arbeitsplänen werden vor allem die einzelnen Beschäftigungen durchdacht und ausgearbeitet. Wie wird aber mit dem, was sonst noch im Laufe des Tages passiert, verfahren? Mit den Erlebnissen, die die Kinder einbringen? Mit Fragen, die sie stellen? Mit Auseinandersetzungen, in denen sie stehen? Mit Regelungen, denen sie sich unterwerfen müssen? Mit Einflüssen, denen sie ausgesetzt werden?

Dies alles sind Anlässe, auf die Erzieher tagtäglich eingehen und reagieren müssen – dies aber oft spontan und ungeplant. Wir wollen noch einmal auf die Ausgangsfragen zurückgehen: Wie kann man die Förderung der Eigeninitiative der Kinder mit einem Arbeitsplan vereinbaren? Bei der Planung und Durchführung von Beschäftigungen – wie sie in den Planbeispielen beschrieben werden – läßt sich das nur begrenzt vorstellen. Eine Mitbeteiligung der Kinder bei der Planung ist weitgehend ausgeschlossen. Der eine Erzieher wird mehr, der andere weniger Geschick dabei haben.

Bedeutet das nun, daß systematische Planung und Vorbereitung überflüssig sind, daß es nur darauf ankommt, in der Situation „richtig" zu reagieren? Dies sicher nicht. Wie aber könnte ein Arbeitsplan aussehen, der beides beinhaltet: Gezielte Arbeitsvorhaben und gleichzeitig genügend Freiraum für Eigeninitiativen der Kinder? Hieße dies nicht, beinahe unvereinbare Anforderungen zusammenzubringen: einerseits wichtige Ereignisse aus dem Leben der Kinder zu berücksichtigen und aktuelle Geschehnisse im Tagesablauf aufzugreifen, diese andererseits aber in Sinnzusammenhänge zu bringen, die für Kinder verständliche Grundlagen für weiteres Lernen bieten? Wer so arbeiten will, dessen Planung müßte einerseits offener – was die

Abfolge und Strukturierung von Lernschritten anbelangt – andererseits jedoch zugleich systematischer werden: Für die inhaltliche Planung wäre dann nicht mehr der Jahreszeitenrhythmus allein maßgeblich (was nicht heißt, daß jahreszeitlich bedingte Ereignisse oder Feste außer acht gelassen werden, soweit sie das Leben der Kinder bestimmen). Ebenso wenig lassen sich Inhalte aus einer Liste von Förderbereichen oder schulunterrichtsähnlichen Fächern herleiten, sondern sie müßten stärker auf die Situation der Kinder bezogen sein.

Daß diese Art der Arbeitsplanung nicht leichter durchzuführen ist als übliche Wochenpläne, soll nicht verschwiegen werden. Die Schwierigkeiten, die eine Jahrespraktikantin in einem Modellkindergarten damit hatte, weisen auf Unterschiede zur herkömmlichen Arbeitsplanung hin:

„Ich arbeite seit sechs Wochen hier im Kindergarten. In den ersten Tagen war ich sehr verunsichert und wußte überhaupt nicht, was die Erzieher hier eigentlich wollen. Die Kinder finden sich ständig in kleineren Gruppen zusammen und beschäftigen sich mit Dingen, die sie interessieren, oder sie spielen frei. Wenn etwa einige Kinder sich verkleiden zu einem Rollenspiel, dann macht die Erzieherin mit. Wenn andere Kinder eine Auseinandersetzung haben, hilft sie manchmal bei der Lösung des Konflikts, wenn eine dritte Gruppe die Umgebung des Kindergartens mit Bauklötzen aufbaut, stellt sie weiteres Material zur Verfügung und gibt einige Anregungen. Und das machen die Erzieher doch eigentlich alles, ohne sich groß darauf vorzubereiten. Mir fällt diese Arbeit aber ziemlich schwer.
Ich kann so schlecht etwas von den Kindern aufgreifen, ohne mir zwei bis drei Tage vorher Gedanken zu machen, was ich erreichen will und wie ich es im einzelnen machen soll. Das wird aber doch in der Schule von mir verlangt! Dabei haben mich die dort verlangten Ausarbeitungen auch immer schon geärgert. Da soll man sich drei Tage vorher hinsetzen und sich überlegen: Wie reagieren die Kinder, wenn . . .? Was mache ich, wenn die Kinder das tun . . ., was mache ich, wenn sie jenes tun? Und wenn man dann mit den Kindern wirklich etwas durchführt, dann ist die Situation ganz anders, weil inzwischen etwas passiert ist, was für die Kinder viel wichtiger war.
Eigentlich bin ich jetzt zu der Ansicht gekommen, daß eine Aufarbeitung von Erfahrungen viel wichtiger ist, als eine Ausarbeitung von Plänen. Wenn man sich hinterher hinsetzt und überlegt: Wie habe ich das heute gemacht, wie läßt sich das mit den Erziehungszielen, die ich habe, vereinbaren? Wie haben sich die Kinder verhalten? Was ist mir dabei aufgefallen, auf was muß ich noch einmal eingehen, auf welches Kind muß ich besonders achten? Wie habe ich mich selbst verhalten, habe ich meine Überlegenheit als Erwachsener aus Bequemlichkeit ausgespielt usw.?
Für mich war es schon eine große Hilfe, daß wir zu zweit in einer Gruppe gearbeitet haben. Da kann man sich gegenseitig auf manche Dinge hinweisen und über wichtige Probleme sprechen. Ich habe inzwischen gemerkt, daß ich nicht weiterkomme, wenn ich mich vor-

her alleine hinsetze und einzelne Arbeitsschritte ausdenke. Dann kommt man nämlich in die Gruppe und hält sich leicht viel zu starr an das, was man vorher überlegt hat. Und dann ist man nicht mehr flexibel genug, mal anders und richtiger zu reagieren, weil man sich immer denkt, Mensch, das hast du alles umsonst gemacht, es muß doch laufen, wie im Plan! Langsam lerne ich, daß Planung auf alle Fälle nötig ist, aber nicht so, wie ich es in der Schule gelernt habe.“

Nicht so wie in der Schule, aber wie dann? – Die Planung wird indirekter sein müssen. Planung wird häufig nicht zu unmittelbar umsetzbaren Lernschritten für den nächsten Tag führen, sondern wird langfristiger und umfassender sein: Überlegungen zu den Umwelterfahrungen der Kinder werden ebenso dazu gehören, wie die Überprüfung des eigenen Erziehungsverhaltens und die Reflexion des Geschehens in der Gruppe. Der Erzieher wird sich sehr viel mehr aneignen müssen, als er in einer Woche oder in einem Monat umsetzen kann, denn nur dann wird er im täglichen Gruppengeschehen Ansatzpunkte für naheliegende und notwendige Lernprozesse wahrnehmen und gezielt weiterverfolgen können. Die Nachbereitung der täglichen Arbeit wird dabei besonders wichtig: Hier wird man auf Interessen und Erfahrungslücken der Kinder stoßen und Möglichkeiten zur Weiterführung gezielter pädagogischer Arbeit entdecken. Eine solche Planung – soviel wird jetzt schon deutlich – ist kein einmaliger Akt, der sich auf einen gesteckten Zeitraum bezieht, sondern muß immer wieder überdacht, abgeändert und ergänzt werden. Sie erfordert Aufmerksamkeit und Einfühlungsvermögen und vor allem viel Phantasie und Flexibilität in der jeweiligen Situation.

3.3 Merkmale offener Planung

1. Offene Planung bezieht sich auf Erfahrungsbereiche der Kinder

Strukturierungsgesichtspunkte für die Planung sind nicht Zeiträume (Stunden-, Wochen- oder Monatspläne) und nicht Lernbereiche (elementare Mathematik, Sachkunde, soziale Fertigkeiten usw.), sondern vielmehr Sinnzusammenhänge, die sich den Kindern stellen. Das bedeutet: Der Erzieher muß überlegen, was für die Kinder wichtig ist, wie sie etwas erleben, wo sie leben und handeln und welche Hilfestellungen sie brauchen. Die Planung bezieht sich dann auf thematische Schwerpunkte, zu denen der Erzieher Informationen und Ideen sammelt und Fragestellungen formuliert. Mit den Kindern wird allerdings nicht streng nach vorbereiteten thematischen Schwerpunkten gearbeitet: Der Erzieher kann nicht vorher wissen, was sich in der Kindergruppe ergibt; er muß in der Lage sein, auch individuelle Besonderheiten einzelner Kinder zu berücksichtigen.

2. Lernen von sozialem Handeln und Sachkompetenz dürfen nicht getrennt werden

Eine Gefahr bei der herkömmlichen Arbeitsplanung ist, daß sich vor allem solche Übungen gut vorbereiten lassen, bei denen die Kinder Sachkompetenz gewinnen können. In vorbereiteten Lernsequenzen lernen die Kinder Wissenswertes aus ihrer Umwelt, Grundbegriffe aus Sachkunde und Mathematik, sie üben sich in Geschicklichkeit. Ihr soziales Handeln – der Umgang miteinander, Regelungen im Tagesablauf, die Äußerung ihrer Probleme und Ängste – bleibt dabei unberücksichtigt. Beabsichtigt man, daß Kinder im Kindergarten mehr als nur Sachkenntnisse und Fertigkeiten erlernen, dann wird man alltägliche Situationen im Tagesablauf und das soziale Handeln der Kinder zum Ausgangspunkt von Lernprozessen machen. Auf diese Weise kann Sachwissen in lebendigen Situationen und an natürlichen Anlässen vermittelt werden. Die Kinder lernen durch konkrete Erfahrungen und in übersehbaren Handlungszusammenhängen.

Warum beispielsweise sollen Kinder im künstlich arrangierten naturwissenschaftlichen Experiment oder gar nur im Bilderbuch nachvollziehen, wie sich die Eigenschaften von Wasser beim Erhitzen verändern? – Sie können genauso gut mitbeteiligt werden, wenn morgens Tee für die Gruppe gekocht wird. Sie können langsam lernen, die einzelnen Arbeitsgänge selbständig zu übernehmen und Gefahren für sich selbst und die anderen realistisch einzuschätzen (etwa: Der Topf darf niemals höher als halbvoll mit Wasser gefüllt werden. Oder: Wenn Bläschen aufsteigen, muß man vorsichtig sein, weil Verbrühungsgefahr beim Umkippen bestünde). – Hier lernen die Kinder mehr als nur die Eigenschaften kochenden Wassers, sie lernen es auch wahrscheinlich nachhaltiger, denn das Gelernte steht in einem Zusammenhang, den sie mitvollziehen können.

3. Kinder sollen, soweit möglich, an Planungsschritten beteiligt werden

Wenn Erfahrungen von Kindern und Erziehern zu Lernsituationen werden, dann ist es nur konsequent, wenn die Kinder auch bei der Planung und Erschließung von Lernfeldern beteiligt werden: Durch Beobachtungen erhält der Erzieher Aufschluß über Vorgänge in der Gruppe und über Lernbedingungen einzelner Kinder. In Gesprächen können Wünsche, Vorstellungen, Meinungen geltend gemacht werden. In Spielen, bei Rollenspielen und durch Bilder ergeben sich Hinweise für sinnvolle Arbeitsansätze; außerdem bringen manche Kinder von sich aus Ideen und Anregungen ein. Das Ziel ist also, die Kinder mit ihren Vorschlägen ernst zu nehmen, um sie, soweit dies verantwortet werden kann, Konsequenzen ihrer Ideen erleben zu lassen. Damit wachsen die Kinder langsam in eine neue Rolle: Sie verlassen sich dann nicht mehr ausschließlich auf die Erwachsenen, die alles für sie erledigen, sondern lernen selbst im überschaubaren Rahmen zu planen.

Wenn Kinder beispielsweise Schwierigkeiten haben, sich in ihrem Spiel den nötigen Raum zu verschaffen, oder wenn einzelne Untergruppen einander stören, dann könnte man durchaus einmal die Kinder auffordern, selbst Vorschläge für eine andere Raumgestaltung zu entwickeln. Erzieher, die dies ausprobiert hatten, waren überrascht, wie praktisch die Lösungen waren, die Kinder zustandegebracht hatten.

4. Offene Planung bedeutet, Angebote für verschiedene Untergruppen vorzusehen

Der Erzieher wird gleichzeitig mehrere Angebote vorbereiten, die durchaus nicht in engem inhaltlichen Zusammenhang stehen müssen und diese trotzdem so flexibel gestalten, daß sie je nach Interessen- und Kenntnisstand der Kinder abgeändert oder durch andere ersetzt werden können. Bereits bei der Vorbereitung der Arbeit wird man sich vergegenwärtigen müssen, daß nicht alle Kinder dasselbe Lernziel erreichen werden. Außerdem ist es wichtig zu überlegen, wieweit die einzelnen Kinder ihre verschiedenen Voraussetzungen, ihre Fragen, Bedürfnisse und Erfahrungen einbringen können. So ist es auch keine Störung der Arbeit, wenn manche Kinder im Lauf gezielter pädagogischer Unternehmungen „abspringen" oder andere dazukommen, die sich dafür zu interessieren beginnen.

5. Offene Planung bedeutet, daß sich der Erzieher ständig informiert

Gespräche mit Eltern und anderen Personen können bedeutsame Hinweise für die Arbeit im Kindergarten ergeben. Aktuelle Ereignisse in der Umgebung – der Jahrmarkt, die Krankheit eines Freundes, der Wohnungswechsel einer Familie, der Bau einer neuen Straße, die Geburt eines Geschwisterkindes, der neue Lehrer an der Grundschule – können Anlaß für Arbeiten des Kindergartens sein. Nicht nur pädagogische Fachliteratur, sondern auch Kontakte auf der Straße und regionale Zeitungen können als Vorbereitungsmaterial dienen. Denn solche Planung entsteht nicht allein am Schreibtisch, sondern auch durch Beobachtung, Gespräche und Kontakte.

6. Offene Planung bezieht Lernorte und Bezugspersonen außerhalb des Kindergartens ein

Kontakte mit Personen außerhalb des Kindergartens sind notwendig, um das Lernen der Kinder in ihrer Erfahrungswelt möglich zu machen. Erwachsene können zu Gesprächs- und Lernpartnern für Kinder werden, wenn sie in ihren Lebens- und Berufsbereichen, die ja das Leben der Kinder ebenfalls mitbestimmen, angesprochen werden, z. B. der Lehrer, die Krankenschwester, die Ärztin, der Müllmann, der Polizist.

7. Offene Planung bedeutet, mit Kollegen und Eltern zusammenzuarbeiten

Eine Planung, wie wir sie verstehen, läßt sich am besten in der Zusammenarbeit mit anderen leisten. Es gibt so viele Überlegungen, offene Fragen und Entscheidungen, die durch Gespräche und Erfahrungsaustausch mit anderen leichter bewältigt werden können. Die Abstimmung mit Kollegen und Eltern ist außerdem auch bei der Durchführung von Projekten hilfreich, die beispielsweise weitere Aufsichtspersonen erfordern.

8. Offene Planung verändert die Rolle des Erziehers

Der Erzieher, der mit den Kindern Erfahrungsräume erschließt und Lernprozesse anbahnt, kann nicht mehr der allwissende Erwachsene bleiben, der stets Lösungen bereithält und Ideen anbietet. Er muß vor allem Bedingungen schaffen, unter denen Lernen möglich ist; er muß aber auch genügend Möglichkeiten für das Lernen der Kinder untereinander lassen. Der Erzieher muß ertragen können, manchmal fast überflüssig zu werden, weil die Kinder selbständig weiterarbeiten wollen. Eine derartige Arbeitsweise beabsichtigt letztlich die Aufhebung der Funktion des „Belehrens" im herkömmlichen Sinne. Bedeutet dies nun, daß dem Erzieher keine wichtige Aufgabe mehr zufällt? Das Gegenteil ist der Fall. Gerade jener Erzieher, der bereit und fähig ist, seine Vorrangstellung als mächtiger und mehrwissender Erwachsener abzubauen und der den Kindern Gelegenheit zu Lernprozessen bieten will, in denen sie gleichberechtigt ihre Erfahrungen machen können, muß für diese Arbeit hinreichend qualifiziert sein. Er muß akzeptieren können, daß Kinder nicht nur in didaktisch aufbereiteten und überwachten Arrangements der Erwachsenen lernen, sondern auch im Umgang miteinander, durch eigenes Experimentieren und Handeln. Seine Aufgabe liegt jetzt darin, Kinder auf solche Lernsituationen aufmerksam zu machen, ihnen „Lernenswertes" zu zeigen und Hilfen zu bieten. – Während ein Erzieher bei vorgefertigten Lernprogrammen nur noch Anwender und Ausführender ist, wird bei der hier skizzierten Arbeitsweise viel im Hinblick auf die Erfassung und Verarbeitung konkreter Lebenswelten für das Lernen der Kinder verlangt. Dies bedeutet keine Minderung der anregenden und impulsgebenden Rolle des Erziehers, sondern fordert diese um so mehr bei der Aktivierung des Sachverstandes von Kindern, Eltern und anderen Situationsbeteiligten, die in die Arbeit einbezogen werden.

3.4 Planung der Arbeit im Kindergarten

Die folgenden Beispiele für eine Arbeitsplanung im Kindergarten sind auf verschiedenen Fortbildungstagungen mit Erziehern entstanden. Sie sollen deutlich machen, wie erste Ausgangsüberlegungen zu konkreteren Vorhaben weitergeführt werden. Sie zeigen, daß die gemeinsame Arbeit von mehreren Erziehern zu einer verstärkten Reflexion von Erziehungsprozessen und zu vielen Anregungen führt. Ermutigend für die beteiligten Erzieher war, daß jeder einzelne aus der bisherigen eigenen Arbeit etwas einbringen konnte, daß aber aus dem breiten Erfahrungsaustausch für jeden auch wieder sehr viel an neuen Ideen und Denkanstößen gewonnen werden konnte. Im Verlauf mehrerer Fortbildungsveranstaltungen ergab sich eine Abfolge von Erschließungsfragen, die geeignet waren, komplexe Sachverhalte für die Planung aufzubereiten. Die folgenden Beispiele aus der Fortbildungsarbeit wurden bewußt gewählt, weil sie sich in der Art, wie sie vorbereitet werden können, unterscheiden.

Das *erste Beispiel*, die Vorbereitung für die Aufnahme neuer Kinder, kann von allen Erziehern mit wenig Aufwand geleistet und in die Arbeit umgesetzt werden. Beim *zweiten Beispiel*, der Vorbereitung auf die Einschulung der ältesten Kinder, kam es in der vorbereitenden Gruppe vor allem darauf an, Kontakte mit Außenstehenden und anderen Institutionen aufzunehmen – eine Art des Vorgehens, die einigen Erziehern noch sehr fremd war. Im *dritten Beispiel* wurde versucht, für die Gestaltung der Vorweihnachtszeit eine breitere Planungsgrundlage zu entwickeln. Dies deshalb, weil die Erzieher erkannt hatten, daß sie sich selbst gerade in dieser Zeit durch eine Reihe von Zusatzarbeiten unter einen Leistungsdruck stellten, der ihren eigentlichen pädagogischen Zielsetzungen häufig widerspricht. Das *vierte Beispiel* schließlich setzt auf einer ganz anderen Ebene an: Bei dem Vorhaben, einseitige Geschlechtsrollenvorstellungen der Kinder abzubauen, liegt der Schwerpunkt der Vorbereitungsarbeit darin, daß sich die Erzieher über ihre eigene Erziehung, ihre eigenen Vorstellungen klar werden und ihr Erziehungsverhalten daraufhin überprüfen. Erst auf der Grundlage solcher Klärungen konnten dann sinnvolle Ansätze für die Arbeit mit Kindern und Eltern ermittelt werden.

Die Planungsarbeiten, die im folgenden beschrieben werden, sind stichwortartige Aufzeichnungen von Fortbildungsveranstaltungen. Sie sind eher Ideensammlungen und Denkanstöße, keine Rezepte. Die Umsetzung in den Tagesablauf einer Kindergruppe kann nicht in Einzelheiten vorgeplant werden, weil dafür besondere Situationskenntnisse berücksichtigt werden müssen, über die nur der Erzieher der Gruppe verfügt. Insofern sollen die Planungsbeispiele in erster Linie als Anregung für ähnliche Vorbereitungsarbeiten im eigenen Team dienen.

Beispiel 1: Neue Kinder werden in die Gruppe aufgenommen

a) Ausgangsüberlegungen

Aus einer Gruppe wurde von Schwierigkeiten bei der Integration neuer Kinder berichtet. Die Erzieher überlegten, welchen Belastungen Kinder beim Eintritt in den Kindergarten und damit bei der ersten längeren Trennung vom Elternhaus ausgesetzt sein können. Man beschloß, sich in Arbeitsgruppen intensiver mit diesem für Kindergärten regelmäßig auftauchenden Problemkreis zu beschäftigen. Als Anhaltspunkte für die gemeinsame Arbeit dienten folgende Fragen:
– Wie stellt sich die Situation im Kindergarten dar?
– Was wollen wir aufgreifen und erreichen?
– Mit wem können wir bei der Vorbereitung zusammenarbeiten?
– Welche Arbeitsschritte sind sinnvoll?

b) Wie stellt sich die Situation im Kindergarten dar?

Zum Verhalten der neuen Kinder:
– Viele Kinder weinen, reden kaum, weigern sich zu essen, zu schlafen.
– Sie haben Angst, daß ihre Eltern sie nicht mehr abholen.
– Die Zeit im Kindergarten ist für sie endlos lang.
– Manche Kinder nässen ein.
– Manche versuchen wegzulaufen.
– Sie sind motorisch sehr unruhig.
– Sie wollen ihre Mäntel nicht ausziehen.
– Manche sind aggressiv und manche ganz still und passiv.
– Einige klammern sich an mitgebrachte Gegenstände.
– Alle neuen Kinder kennen sich im Kindergarten nicht aus: die Räume, der Weg zur Toilette, alles ist fremd und unüberschaubar.
– Für die meisten Kinder sind die vielen Kinder in der Gruppe bedrohlich, sie sind gewohnt, alleine oder nur mit Geschwistern zusammenzusein. Sie erwarten mehr Zuwendung vom Erzieher, als dieser jedem einzelnen Kind in der Gruppe geben kann.

Zum Verhalten der „alten" Kinder, die schon länger in der Gruppe sind:
– Einige beachten die neuen Kinder nicht.
– Jüngere neue Kinder werden leichter akzeptiert; wenn neue Kinder schon fünf Jahre alt sind, werden sie oft abgelehnt.
– Einige Kinder nehmen sich der neuen Kinder an.
– Oft interessieren sich Kinder, die in der Gruppe etwas am Rande stehen, für neue Kinder als mögliche Spielpartner.
– In einer altersgemischten Gruppe ist es leichter für die Kinder, neue zu integrieren, weil jedes Jahr einige Kinder eingeschult werden, einige neue hinzukommen, der größte Teil der Gruppe aber bestehen bleibt.

Zum Verhalten der Eltern:
– Einige Eltern sind froh, einen Platz für das Kind tagsüber zu haben.
– Andere Eltern, vor allem Mütter, leiden unter der ersten Trennung vom Kind; sie sind traurig beim Abschied, weinen manchmal, zögern, ob sie das Kind in der Gruppe lassen sollen.
– Viele Eltern möchten sich mit ihrem Kind nicht blamieren. Sie sehen das Kind als Ergebnis ihrer bisherigen Erziehung und wollen damit im Vergleich zu anderen Fami-

lien gut abschneiden. Sie erwarten vom Kind, daß es sich im Kindergarten entsprechend verhält.
– Es gibt auch Eltern, die den Kindergarten als Konkurrenz zu ihrer Familie ansehen. Sie sind mißtrauisch, wenn es den Kindern in der Gruppe gut gefällt. Sie haben Angst, ihre Kinder entfernen sich zu sehr.
– Manche Eltern versuchen in den ersten Tagen, ihre Kinder mit Belohnungen und Versprechungen im Kindergarten zu halten.

Zum Verhalten der Erzieher:
– Häufig befürchten Erzieher viel Theater bei Neuaufnahmen. Sie finden die Anfangszeit, in der die neuen Kinder weinen und weglaufen, mühsam und sind froh, wenn sie überstanden ist.
– Manche Erzieher sind voreingenommen gegenüber Kindern, die aus Familien kommen, über die sie Unangenehmes gehört oder erfahren haben.
– Wenn die Kinder in der Gruppe sind, versuchen viele Erzieher, sie durch attraktive Beschäftigungen zu interessieren.
– Andere Erzieher halten sich eher zurück, überlassen es mehr der Kindergruppe, sich um die Neuen zu bemühen. Einige Erzieher versuchen, durch sorgfältige Beobachtungen möglichst viel über die neuen Kinder zu erfahren.

c) Was wollen wir aufgreifen oder erreichen?

Was wir erreichen wollen:
– Das neue Kind soll sich bald wohlfühlen, Angst verlieren.
– Die Kindergruppe soll neue Kinder akzeptieren, die „alten“ Kinder sollen Einfühlungsvermögen für die Neuen entwickeln.
– Die Regeln des Tagesablaufs sollen verständlich gemacht werden, damit sie allmählich Orientierungspunkte werden.
– Neue Kinder sollen bald unabhängig von Erwachsenen werden, Kontakte zwischen Kindern sollen gefördert werden.
– Die Eltern sollen in die pädagogische Arbeit des Kindergartens einbezogen werden, damit sie teilhaben an diesem Erfahrungsraum ihrer Kinder, damit sie ihre Interessen eingeben, aber auch von der Erziehungsarbeit in der Gruppe profitieren können.

Wo man ansetzen könnte:
– Kinder mit Räumlichkeiten und Materialien vertraut machen.

– Hilfsbereitschaft in Kleingruppen fördern, individuelle Anknüpfungspunkte (z. B. Lieblingsspielzeug) suchen.
– Kontakt mit Eltern anknüpfen.

d) Mit wem können wir bei der Vorbereitung zusammenarbeiten?

Folgende Personen könnten in Frage kommen:
Eltern, Großeltern, Geschwister, Sozialarbeiter, Mitarbeiter und Kollegen, Kollegen aus anderen Einrichtungen, Kinder aus der Gruppe, das neue Kind und dessen Eltern.

e) Welche Arbeitsschritte sind sinnvoll?

Vor Eintritt der Neuen:
In der Gruppe:
– Rollenspiele und Handpuppenspiele zur Situation „Neu im Kindergarten".
– Gespräche: „Wie war es, als Ihr den ersten Tag im Kindergarten verbracht habt?"
– Spielnachmittag mit Kindern.
– Feste, zu denen zukünftige Kinder eingeladen werden.
Mit Eltern:
– Elternabende mit Eltern der neuen Kinder, an denen die ersten Tage im Kindergarten thematisiert werden.
– Hausbesuche.
– Aufnahmegespräch mit Eltern und Kind.
– Feste, bei denen Eltern mitmachen können.
– Vorher Vorlieben und Gewohnheiten der Kinder erfragen.
– Über zeitliche Begrenzung an den ersten Kindergartentagen reden.
– Vorher fragen, wer das Kind bringt, wie es zu Hause vorbereitet wird.
– Den Eltern Anschriften von anderen Eltern geben, die in ihrer Nähe wohnen.
– Mit Eltern besondere Einzelheiten besprechen: Z. B. wäre es gut, wenn eine volle Berufstätigkeit der Mutter nicht gleichzeitig mit dem Kindergartenbeginn aufgenommen wird, sondern etwas später, damit das Kind sich nicht durch das neue Aktionsfeld der Mutter abgeschoben fühlt. Genauso schwierig kann es sein, wenn der Eintritt in den Kindergarten zeitlich mit der Geburt eines Geschwisterkindes zusammenfällt. Man muß jeweils überlegen, wie das Kind eine positive Einstellung zum Kindergarten bekommen kann.

Nach Eintritt der Neuen:
In der Gruppe:
– Wenn es geht, gestaffelte Aufnahme, damit jedes Kind besonders eingeführt werden kann.
– Anfangs können Eltern und Geschwister in der Gruppe bleiben.
– Eigenes Spielzeug kann mitgebracht werden.
– Fotos der Kinder werden im Gruppenraum aufgehängt.
– Durch Rollenspiele, Gesellschaftsspiele, Handpuppenspiele, Frühstück in kleinen Gruppen die Kinder mit anderen Kindern der Gruppe zusammenbringen.
– Geschichten über die Situation eines neuen Kindes erzählen.
– Gemalte Bilder der Neuen im Gruppenraum aufhängen, auch wenn sie noch nicht „schön" sind.
– Mit der Gruppe oder kleinen Untergruppen den Kindergarten, seine Räume und die nähere Umgebung erkunden.
– Die älteren Kinder der Gruppe können in die Regelungen und Gewohnheiten des Gruppenlebens einführen, vielleicht wird dabei manches neu gestaltet.
– Andere Erwachsene im Haus (Erzieher, Hauspersonal) stellen sich vor.
– Neue Kinder können, wenn sie Schwierigkeiten haben, mit Eltern telefonieren.
– Wenn nicht vorhanden, Kuschelecke als Rückzugsmöglichkeit einrichten.
– Nach einiger Zeit (2 bis 3 Wochen) gemeinsame Unternehmungen planen, z. B. Zoobesuche, Picknick in der Umgebung oder ähnliches.
Mit Eltern:
– Eltern an Arbeiten des Kindergartens (Spielen in der Gruppe, Exkursionen, Festen) beteiligen.
– Erfahrungen über die Fortschritte des Kindes in der Gruppe und zu Hause austauschen.
– Welche Mitwirkungsmöglichkeiten haben die Eltern? Können sie den Kindern Interessantes aus ihrem Berufsleben mitteilen? Können sie von einigen Kindern besucht werden? Können sie „wertlose" gebrauchte Materialien zur Verfügung stellen?
– Sind von der Wohnlage der Eltern her Fahrgemeinschaften für das Bringen und Holen der Kinder möglich?
– Gibt es Interesse an Wochenendkontakten von Kindern und Eltern?
– Im Kindergarten kann ein Schwarzes Brett für Kontakte zwischen Eltern eingerichtet werden.

Beispiel 2: Vorbereitung der Kinder auf die Schule

a) Ausgangsüberlegungen

Die Frage, wie die Kinder auf die Schule vorbereitet werden können, stellt sich jedes Jahr von neuem. In der Diskussion in einer Erziehergruppe war man sich darüber einig, daß die Vorbereitung auf die Schule keineswegs in der Vorwegnahme von schulischen Lernübungen bestehen sollte. Statt dessen überlegten die Erzieher, wie sie die Übergangsschwierigkeiten von einer Institution in die andere durch Kontakte mit Eltern und Schule vermindern könnten und wie die Kinder schon vor Schulbeginn etwas mehr über das Leben in der Schule erfahren könnten. In der Diskussion wurde dann aber deutlich, daß die Erzieher selbst nur schwer Zugang zur Schule finden, weil sie sich selbst durch vereinzelte Erfahrungen oder durch Berichte anderer wenig Erfolg versprechen. Es wurde deshalb beschlossen, sich über die Situation des Übergangs der Kinder in die Schule und vor allem über die Erwartungen, die die verschiedenen Beteiligten in dieser Situation haben, etwas mehr zu informieren. Dies versuchte man zunächst in Arbeitsgruppen im Erfahrungsaustausch. Folgende Fragen waren Anhaltspunkte für die Arbeit:

b) Wie stellt sich die Situation dar?

– Wie ist sie für Kinder – Eltern – Lehrer – andere Situationsbeteiligte – Erzieher?
– Was wollen wir aufgreifen und erreichen?
– Mit wem können wir bei der Vorbereitung zusammenarbeiten?
– Welche Arbeitsschritte sind sinnvoll?
– Welche Materialien können wir beschaffen bzw. vorbereiten?

Für Kinder:
– Die Kinder, die bald in die Schule kommen, freuen sich in den meisten Fällen. Sie sind stolz, schon so groß zu sein, und werden auch von den jüngeren Kindern bewundert. Sie wollen viel lernen und möglichst bald erwachsen werden. Genauere Vorstellungen über die Schule haben aber die wenigsten Kinder. Wenn man sie fragt, erzählen sie häufig Dinge, die sie wohl von älteren Geschwistern erfahren, so z. B.: „man kriegt Strafarbeiten;" „man darf keine Sechs schreiben." In Rollenspielen wird die Schule häufig besonders drastisch dargestellt: der „Lehrer"

kommandiert und prügelt auch manchmal – Vorstellungen, die der Realität doch nicht mehr entsprechen.
– Für die jüngeren Kinder in der Gruppe ist der Schulbeginn der Zeitpunkt, zu dem sie die älteren Freunde, die häufig Spielanführer waren, verlieren und sich in eine veränderte Gruppenstruktur finden müssen.

Für Eltern:
– Für die Eltern ist der Schuleintritt des Kindes ein wichtiges Ereignis. Nun werden die Kinder mehr als bisher nach ihren Leistungen bewertet, die Schulleistungen entscheiden über die beruflichen Möglichkeiten, sind also langfristig bedeutsam. Deshalb legen viele Eltern schon im letzten Kindergartenjahr großen Wert darauf, daß das Kind möglichst viel „lernt", um eine gute Startposition zu haben. Manche Eltern lassen dies auch ihre Kinder spüren. Sie betonen, daß alles anders wird, wenn die Kinder erst mal in der Schule sind. Sie bewerten die Tätigkeiten der Kinder vor allem nach der Leistung, nach dem sichtbaren Produkt.
– Die meisten Eltern haben eine distanzierte Beziehung zur Schule. Aus ihrer eigenen Schülerzeit haben sie genügend Ängste und Respekt vor dieser Institution und den dort tätigen Lehrern zurückbehalten, um zurückhaltend und wenig selbstbewußt aufzutreten. Dies erschwert die Mitwirkungschancen der Eltern in der Schule erheblich.

Für Lehrer:
– Für die Lehrer sind die Erstkläßler die Kinder, die ganz am Anfang stehen. Wenn also die Kinder im Kindergarten noch die „Großen" sind, geraten sie in der Schule übergangslos in die Rolle der Anfänger. Meist wissen die Lehrer nicht viel darüber, was die Kinder schon vorher im Kindergarten gemacht haben, es wird nicht darauf aufgebaut.
– Die meisten Lehrer erwarten vom Kindergarten, daß die Kinder dort soweit selbständig und gruppenfähig werden, daß sie das Leben in der Schulklasse verkraften. Die Kinder sollten sich also alleine an- und ausziehen können, sollten mit anderen Kindern umgehen können, nicht zu sehr auf die erwachsene Bezugsperson fixiert sein. Gezielte Vorbereitungen der Kinder in Lesen und Rechnen wünschen viele Lehrer überhaupt nicht, weil dann zu große Unterschiede in der Klasse zu erwarten sind.
– Bei der Überlegung zu den Erwartungen von Lehrern wurde den Erziehern klar, daß sie nur sehr wenig darüber wissen, meist nur Vermutungen anstellen können. Sie halten deshalb Kontakte zur gemeinsamen Abstimmung für dringend notwendig.

Für andere Situationsbeteiligte:
Es wurde überlegt, welche Personen sonst noch für die Arbeit des Kindergartens wichtig sein könnten. Genannt wurden: Schulkinder; andere Eltern, die schon Kinder in der Schule haben; Eltern von Kindergartenkindern, die Lehrer sind; Polizisten; andere Erwachsene.
– Kinder, die schon in der Schule sind, kommen manchmal gerne in ihren Kindergarten zu Besuch.
– Eltern, die bereits schulpflichtige Kinder haben, können vielleicht ihre Erfahrungen einbringen.
– Eltern, die von Beruf Lehrer sind, können wichtige Informationen beisteuern.
– Polizisten können mit Kindern und Eltern auf den späteren Schulweg vorbereiten.

Für Erzieher:
– Die Überlegung, wie sich die Situation für die Erzieher darstellt, brachte die meisten Schwierigkeiten mit sich. Folgende Meinungen bestimmten die Diskussion: Die Situation des Übergangs zur Schule ist so bedeutsam für die Arbeit des Kindergartens, daß sie die Erzieher häufig beschäftigt. Es besteht große Unsicherheit darüber, was für die Vorbereitung der Kinder auf die Schule wichtig ist: Soll man ihnen, so lange es geht, Raum für spontane Einfälle und freie Spiele lassen?
– Für viele Erzieher ist die Beziehung zur Schule spannungsgeladen. Man verliert Kinder aus der Gruppe, die oft lange Zeit im Kindergarten waren und vertraut geworden sind. Häufig besteht der Eindruck, daß die Kinder nach Verlassen des Kindergartens phantasieärmer werden. Gerade für „schwierige" Kinder, um die sich der Erzieher besonders bemüht hat, kann der Schulbesuch zum Problem werden. Der Erzieher sieht also in der Schule eine Institution, für die er vorbereitet, in der er aber die Arbeit des Kindergartens kaum beachtet oder gar aufgegriffen sieht. Hinzu kommt, daß es für den Erzieher nicht leicht ist, immer wieder zu erfahren, daß die Schule eine wichtigere Stellung in unserer Gesellschaft hat: Wenn es um die Schule geht, lassen viele sonst sehr verständige Eltern nicht mehr mit sich reden. Sie versuchen, die Kinder an die Schule anzupassen. Auch die Erzieher selbst haben oft keinen Mut, mit Vertretern der Schule Kontakt aufzunehmen. Vielleicht weil aus der eigenen Schülerzeit noch hemmende Erinnerungen geblieben sind? Vielleicht, weil die Lehrer als statushöhere Pädagogen insgeheim gefürchtet werden? Auffällig ist jedoch, daß solche Befürchtungen nur selten genannt werden. Sie werden statt dessen hinter kritischen,

manchmal auch sehr abfälligen Meinungen von der Schule versteckt – eine Haltung, die einen sinnvollen Kontakt mit der Schule nicht erleichtert.

c) Was wollen wir aufgreifen und erreichen?

Nach dieser ausführlichen Situationsanalyse ist die Fragestellung nicht mehr verengt auf die Alternative: Soll man Kinder in schulische Lernformen einüben oder nicht? Vielmehr stellt sich die weiter angesetzte Aufgabe, den Übergang der Kinder in die Institution Schule durch mehr Zusammenarbeit zu erleichtern. Durch die Überlegungen, wie die verschiedenen Beteiligten die Situation sehen, ergibt sich die folgende Konsequenz: Die Schwierigkeiten, die die Erzieher selbst im Zusammenhang mit der Schule haben, müssen weiter durchdacht und in konkreten Kontakten und Handlungen berücksichtigt werden. Das heißt vor allem, daß wieder neue Zugänge und Gespräche mit Eltern und Lehrern gesucht werden.
Bei solchen neuen Anknüpfungspunkten läßt sich die von den Erziehern begonnene Situationsanalyse ergänzen. Wenn in der Arbeitsgruppe nur Vermutungen darüber angestellt werden konnten, wie sich Eltern oder Lehrern der Übergang der Kinder in die Schule darstellt, so könnte das Bild in Gesprächen mit diesen Beteiligten vervollständigt werden. Sicher ergeben sich dabei auch Ansätze für gemeinsames Vorgehen im Interesse der Kinder. Das Ziel wäre dabei, für Erzieher, Eltern und Lehrer Kooperationsmöglichkeiten zu suchen, die gerade in der Zeit vor und nach der Einschulung bisherige Schwierigkeiten verringern könnten.
Als Ziel für die Arbeit mit den Kindern stellt sich schwerpunktmäßig, realistische Eindrücke und Informationen über die Schule zu vermitteln, damit die Kinder in eine langsam vertraut werdende Umgebung hineinwachsen und in den ersten Schulwochen nicht noch durch große Orientierungsschwierigkeiten belastet werden.

d) Mit wem können wir bei der Vorbereitung zusammenarbeiten?

Die bisherigen Überlegungen zu diesem Themenschwerpunkt führten zu der Konsequenz, daß Kooperationsansätze mit Eltern und Lehrern Ziel der Arbeit sein müßten. Bei der Frage nach anderen Situationsbeteiligten werden noch weitere Personen genannt, die in die Arbeit einbezogen werden könnten. Bei der Vorbereitung des Schuleintritts können Kollegen innerhalb und außerhalb der Einrichtung mögliche Kooperationspartner sein. Vielleicht kann ein Besuch der zukünftigen Schulkinder in der Schule zusammen mit den Kollegen geplant werden? Wer betreut währenddessen die jüngeren Kinder der Gruppe? Welche Kollegin hat schon Kontakt zu einer Schule? Vielleicht ist es günstig, wenn die Leiterin der Einrichtung einen Kontakt zur nächstgelegenen Schule anbahnt, der dann von den Gruppenerziehern weitergeführt wird. Gibt es womöglich im Nachbarkindergarten Erfahrungen in der Zusammenarbeit mit der Grundschule?

e) Welche Arbeitsschritte sind sinnvoll?

Folgende Vorschläge sind noch alle auf dem Hintergrund zu sehen, daß es vorläufige Anregungen sind, die bei einer ersten Vorbereitungssitzung gefunden wurden. Es ist wahrscheinlich, daß sich nach Kontakten mit Eltern und Lehrern weiteres oder auch anderes ergibt.

Zur Arbeit mit den Kindern:
– Mitgestaltung bei Schule-Spielen. Versuche, realistischere Rollenspiele zu finden.
– Schulkinder in den Kindergarten einladen. Diese können über ihre Schulerfahrungen berichten, ihre Schulmappe und Inhalt zeigen und erklären.
– Lehrer in den Kindergarten einladen. Er kann den Kindern über die Schule erzählen, sie können ihn befragen, man kann zusammen Schule spielen.
– Einige Kinder können die Schule besuchen. Sie können die Räume, den Schulhof, die Umgebung besichtigen. Sie können vielleicht auch an einer Unterrichtsstunde teilnehmen.
– Die Erzieher können Geschichten zum Leben in der Schule ausdenken und mit den Kindern weiterentwickeln.
– Soweit der Schulweg schon bekannt ist, kann dieser mit Eltern begangen werden.
– Der Schulweg von verschiedenen Kindern kann auf einem einfachen Stadtplan eingetragen werden. Wenn die Wohnungen der einzelnen Kinder mit ihrem Foto gekennzeichnet sind, können sich Kinder, die einen gemeinsamen Schulweg haben, zusammenfinden.

Zur Arbeit mit Eltern und Lehrern:
– Gemeinsame Elternabende, wo auf die zukünftige Einschulung eingegangen wird.

– Überlegungen, wie der Kindergarten auf die Schule zuarbeiten und wie die Schule darauf aufbauen kann.
– Planung weiterer Kontakte auch nach der Einschulung.
– Gibt es die Möglichkeit einer gemeinsamen Einschulung der Kinder?
– Wie kann man Eltern, die sich zunächst aus Angst von der Schule zurückhalten, zu einer Mitarbeit bringen?

Welche Materialien können wir beschaffen bzw. vorbereiten?

Zum Spiel für die Kinder bieten sich viele leicht zu besorgende Materialien an: Schulhefte, Stifte, Tafel, Kreide, Tische, Stühle, Rollenspielrequisiten.
Insgesamt hatte die Vorbereitung zu dem Thema „Übergang vom Kindergarten zur Schule“ für die beteiligten Erzieher vor allem die Wirkung, daß durch das Nachdenken über die Situation und die betroffenen Personen Mißverständnisse und Kontakthindernisse bewußt wurden. Es entstand der Wunsch, sich aktiver um Zusammenarbeit zu bemühen und den Kindern durch Besuche und Kontakte einen erweiterten Erfahrungsraum zu verschaffen.

Beispiel 3: Gestaltung der Vorweihnachtszeit

Es gehört zur Tradition im Kindergarten, die Vorweihnachtszeit besonders zu gestalten. Jeder Erzieher fühlt sich in irgendeiner Weise dazu verpflichtet, ob er will oder nicht. – Die unmittelbar bevorstehende Vorweihnachtszeit war Ausgangspunkt für die folgenden Planungsüberlegungen. Die Zeit vor Weihnachten ist, das stellten die Erzieher fest, ziemlich anstrengend: Eine Reihe von Festen steht an, jedes Kind soll vorweihnachtliche Bastelarbeiten mit nach Hause nehmen können, der Gruppenraum soll weihnachtlich geschmückt werden, und bei der Weihnachtsfeier schließlich sollen nicht nur die Kinder, sondern auch die geladenen Eltern und der Trägervertreter zufrieden sein. Dies alles läuft Gefahr, sehr leicht zum oberflächlichen Programm zu werden. Gleichzeitig steht jeder Erzieher vor der Frage, was von den ursprünglichen Inhalten der Weihnachtszeit den Kindern vermittelt werden kann, wie man im Kindergarten auf die unerfreulichen Begleiterscheinungen der allzu säkularisierten Weihnachtszeit eingehen kann. Es wurde zunächst festgehalten, welche Feste in den verschiedenen Einrichtungen üblicherweise gestaltet werden: St. Martin (11. November) / Barbaratag (4. Dezember) / Adventssonntage / Nikolaustag (6. Dezember) / Weihnachten. Die Erzieher nahmen sich vor, nicht für jeden einzelnen Festtag eine gesonderte Planung vorzunehmen, sondern die Vorweihnachtszeit insgesamt zu berücksichtigen.

a) Wie stellt sich die Situation im Kindergarten dar?

– Wie ist sie für die Kinder, die Eltern, die Erzieher?
– Was wollen wir aufgreifen und erreichen?
– Mit wem wollen wir zusammenarbeiten?
– Welche Arbeitsschritte sind sinnvoll?
– Welche Materialien können wir beschaffen/vorbereiten?

Für die Kinder:
– Die Kinder haben festgelegte Erwartungen, Vorstellungen und Ängste.
– Die Umwelt ist verändert durch Reklame, Aufmachungen in Geschäften, und die Erwachsenen stellen sich in ihrem Konsumverhalten darauf ein.
– Die Kinder übertrumpfen sich gegenseitig mit ihren Weihnachtswünschen.
– Manche Kinder sind eingeschüchtert durch regional verschiedene Traditionen und Sitten, die für sie vor allem disziplinierende Wirkung haben (z. B. Knecht Rupprecht).
– Die Kinder kommen mit unterschiedlichen Vorstellungen über die Inhalte und Gebräuche in den Kindergarten (z. B.: Gibt es das Christkind oder nicht?)

Für die Eltern:
– Die Eltern zeigen eine größere Bereitschaft, auf die Konsumwünsche der Kinder einzugehen.
– Sie sind teilweise ratlos bei der Auswahl der Geschenke.
– Sie fühlen sich überfordert durch die anstehende Arbeit und haben deshalb eine um so höhere Erwartung an den Kindergarten.
– Sie verwenden z. B. den Nikolaus als Erziehungsmittel (Drohungen). Manche, die zuwenig Zeit für die Kinder haben, versuchen dies durch Geschenke auszugleichen.
– Sie wollen den Kindern die Tradition vermitteln, wissen aber nicht wie.

Für die Erzieher:
– Fast jeder Erzieher fühlt sich zeitlich und inhaltlich überfordert. Man soll mit Kindern Festvorbereitungen machen (basteln, Lieder lernen, Plätzchen backen, Weihnachtsgeschenke vorbereiten, Adventsbesuch im Altersheim durchführen usw.).
– Auch in der Elternarbeit soll mehr geleistet werden (Bastelabende, Weihnachtsfeier).

– Viele Erzieher sind unsicher, wie sie die Traditionen der Weihnachtszeit vermitteln sollen; oft schwanken sie zwischen verschiedenen Erwartungen von Eltern und Träger und wissen nicht, ob sie ihrer eigenen Weltanschauung Ausdruck verleihen dürfen.

b) Was wollen wir aufgreifen und erreichen?

– Widersprüchliche Vorstellungen über die Weihnachtstradition mit den Kindern ansprechen. Die Kinder in ihrer Erwartungshaltung ernstnehmen und das Geheimnisvolle der Vorweihnachtszeit akzeptieren.
– Inhalte und Traditionen den Kindern verständlich machen. Kinder sollen Nächstenliebe nicht als moralischen Anspruch, sondern als praktische Möglichkeit, anderen Freude zu machen, kennenlernen.
– Die Kinder sollen nicht ganz unkritisch dem veräußerlichten Konsumstreben in der Weihnachtszeit gegenüberstehen.
– Da die Kinder in der Vorweihnachtszeit mehr Unruhe, Belastungen und Außeneindrücken ausgesetzt sind als sonst, sollte im Kindergarten ein Gegengewicht der Ruhe und Entspannung gesetzt werden.

c) Mit wem wollen wir zusammenarbeiten?

– Zusammenarbeit bietet sich vor allem mit den Eltern an. Wichtig wäre, daß Elternhaus und Kindergarten eine gemeinsame Linie für die Gestaltung der Vorweihnachtszeit finden. Wo dies nicht möglich ist, muß der Kindergarten Hilfen für die Kinder entwickeln, damit sie unterschiedliche Einflüsse aufarbeiten können.
– In der Zusammenarbeit mit Kollegen könnte man dagegen angehen, daß sich die einzelnen gegenseitig durch besonders perfekte Weihnachtsvorbereitungen übertrumpfen.
– Das Ziel wäre eine gemeinsam getragene Gestaltung der Vorweihnachtszeit.

d) Welche Arbeitsschritte sind sinnvoll?

– Frühzeitig mit der Planung beginnen und Schwerpunkte setzen.
– Arbeitsaufteilung in der Einrichtung besprechen: Einzelne Mitarbeiter übernehmen verschiedene Vorbereitungsaufgaben, Möglichkeiten für das Gespräch mit den Kindern in kleineren Untergruppen suchen, um mehr über den Erlebnishintergrund der Kinder zu erfahren und zu verstehen

sowie sinnvolle Erklärungsmöglichkeiten für die Weihnachtsüberlieferung zu finden.

– Geschichten und Legenden erzählen und auf Teilwissen der Kinder eingehen.

– sich über Eindrücke der Kinder über die kommerzielle Weihnachtswerbung informieren und diese als wirtschaftliches Interesse erklären.

– Da die Kinder oft vom Elternhaus her überfordert werden, ist es sinnvoll, im Kindergarten aufwendige Unternehmungen zurückzustellen und statt dessen dadurch im Alltag der Kinder mehr Ruhe einkehren zu lassen, daß bewußter auf alltägliche Erlebnisse eingegangen wird: Planung und Durchführung von Geburtstagsfeiern (Weihnachten als Geburtstag verdeutlichen); mit Ruhe auf Erlebnisse und Gespräche der Kinder eingehen; im Gruppenraum gerade am Nachmittag eine gemütliche Atmosphäre entstehen lassen.

– Wenn Kinder unter stark ängstigenden Gebräuchen leiden, die sich auch durch Gespräche mit den Eltern nicht abbauen lassen, sollten Hilfestellungen für die Verarbeitung von solchen Ängsten angeboten werden (z. B. indem sich der Erzieher vor den Kindern selbst als Nikolaus verkleidet und die Kinder Erfahrungen mit einem freundlichen Nikolaus machen können).

– Die Eltern können in der Geschenkauswahl beraten werden, z. B. durch eine Spielzeug- oder Bilderbuchausstellung, bei deren Anlaß Gespräche über Weihnachtsgeschenke entstehen können.

– Um den übermäßigen Konsum in der Weihnachtszeit nicht noch zu fördern, wäre es möglich, im Kindergarten einen Flohmarkt zum Spielzeugtausch oder Kleidertausch zu organisieren.

e) Welche Materialien können wir beschaffen bzw. vorbereiten?

– Kleidungsstücke für Rollenspiele;
– Bilder, Bilderbücher zu Themen der Vorweihnachtszeit;
– Adventslieder, Weihnachtslieder;
– Bastelmaterial;
– Zutaten für Weihnachtsgebäck, Mandarinen, Nüsse usw.
– Kerzen, Adventsschmuck;
– Krippe eventuell selbst herstellen;
– Krippendarstellungen und andere Bilder aus verschiedenen Zeiten, um den geschichtlichen Aspekt, z. B. Kleidung oder Lebensumstände, zu verdeutlichen.

Beispiel 4: Abbau von einseitigen Geschlechtsrollenvorstellungen in der Kindergruppe

Die folgenden Berichte sind das Ergebnis einer Diskussion mit einer Erziehergruppe, die im Laufe der Arbeit auf viel weiter gefaßte Fragestellungen stieß, als anfangs beabsichtigt war. Zunächst gab es zu dem Thema unterschiedliche Meinungen: Ein Argument war, daß sich die ungleiche Behandlung von Mann und Frau erst im Berufsleben zeige, im Kindergarten sei davon nichts zu spüren. Nicht einmal mehr in der Kleidung würden sich Buben und Mädchen wesentlich unterscheiden. Dagegen wurde argumentiert, daß es sehr viele Unterschiede auch schon bei den Kindern gäbe, und daß man als Erzieher sehr bewußt dagegen einwirken müsse, indem man Mädchen beispielsweise zu wilden Spielen anhält und bei den Jungen eher das Spiel mit Puppen fördert. Schließlich vertrat eine dritte Untergruppe die Meinung, daß man in der Erziehung auf keinen Fall den Unterschied zwischen Jungen und Mädchen verwischen dürfe, da die Kinder eine Identität als Junge bzw. Mädchen brauchten. Da keine gemeinsame Vorstellung über das Ziel der Arbeit zu diesem Themenbereich gefunden werden konnte, versuchte man, sich genauer über die Situation zu informieren.

a) Was fällt uns in der Situation auf?

– Wie ist sie für die Kinder, die Eltern, die Erzieher?
– Mit wem können wir bei der Vorbereitung zusammenarbeiten?
– Welche Arbeitsschritte sind sinnvoll?
– Welche Materialien können wir beschaffen bzw. vorbereiten?

Bei den Kindern:
– Jungen spielen mehr mit Autos, Mädchen mehr mit Puppen.
– Jungen halten sich oft in der Bauecke auf, Mädchen mehr in der Puppenecke.
– Familienspiele werden vor allem von Mädchen gespielt, Jungen spielen Cowboy- oder Bandenspiele.
– Die Jungen lehnen Zärtlichkeit ab, wenn sie vier, fünf Jahre alt werden.
– Jungen spielen auf dem Hof meist unter sich und schließen Mädchen weitgehend aus.
– Mädchen haben Angst, sich schmutzig zu machen, Jungen weniger.

– Viele Mädchen sind bei praktischen Fertigkeiten (z. B. Schleife binden) geschickter als Jungen.

Bei Eltern:
– Manche Eltern wollen, daß bei der Erziehung von Jungen und Mädchen alles bleiben soll wie bisher. Sie wirken auf ihre Kinder ein, sich wie „richtige" Jungen oder Mädchen zu verhalten.
– Sie werden verunsichert, wenn der Sohn besonders gern Hausarbeit macht oder wenn die Tochter wild und ungestüm ist. Sie haben vielleicht Angst, daß ihre Kinder Schwierigkeiten haben werden, wenn sie sich nicht rollengemäß verhalten.
– Mädchen werden zu Hause eher zum Aufräumen angehalten, sie lernen Ordnung zu halten.
– Buben werden länger umsorgt und bedient, von ihnen erwartet man andere Fertigkeiten. Bei Spielzeuggeschenken wird oft nach Geschlecht unterschieden.
Es gibt auch Eltern, die solch unterschiedliche Behandlung von Jungen und Mädchen vermeiden wollen, die bewußt ihren Kindern, unabhängig vom Geschlecht, gleiche Lernchancen eröffnen wollen. Aber auch diesen Eltern fällt es schwer, sich den vorherrschenden Rollenvorstellungen zu entziehen. Dem widerspricht auch die bei uns weithin selbstverständliche Familienform: Der Vater verdient das Geld außer Haus, die Mutter ist für die Kinder und den Haushalt zuständig.

Bei Erziehern:
Nach anfänglichen Überlegungen, daß man als Erzieher keinen Unterschied bei der Erziehung von Jungen und Mädchen mache, kam es zu folgenden Überlegungen:

„Ich erinnere mich jetzt an eine Situation in der Gruppe. Ich gab den Kindern ein technisches Spielzeug an einen Tisch. Sechs Buben stürzten sich darauf. Ich selber bin ganz automatisch an einen anderen Tisch gegangen, an dem Kinder ein Puzzle zusammenstellten. Ich glaube, so etwas kommt oft vor, ohne daß es mir bewußt ist."
„Mir geht es ähnlich. Ich muß mich geradezu überwinden, in der Bauecke mitzumachen. Viel leichter fällt es mir, in der Puppenecke und bei Familienspielen mitzumachen."
„Und was spielen wir, wenn wir bei Rollenspielen mitmachen? Wo ich jetzt darüber nachdenke, fällt mir ein, daß ich in der letzten Woche beim Krankenhausspiel den Arzt spielte. Ich als Frau spielte Arzt, anstatt die Gelegenheit beim Schopf zu ergreifen und Ärztin zu spielen. Und dann wundern wir uns, wenn die Kinder der Meinung sind, eine Frau könnte nicht Arzt oder Kapitän werden. Wahrscheinlich tragen wir selbst zu dieser falschen Vorstellung bei."
„Wir haben vorher davon gesprochen, daß die Jungen, wenn sie größer werden, keine Zärtlichkeit mehr mögen. Vielleicht liegt das

auch etwas an uns. Ich glaube, daß ich z. B. Mädchen viel unbefangener trösten kann, wenn sie Kummer haben. Bei Jungen denke ich schon eher, daß sie nicht so wehleidig sein sollen. Und wenn ich dann noch etwas Abwehr spüre . . ."

„Wahrscheinlich haben es die Jungen recht schwer im Kindergarten, wo fast nur weibliche Bezugspersonen sind, Ich habe in meiner Gruppe mal erlebt, wie vor allem die Jungen sich angenehm veränderten, als ein männlicher Praktikant für längere Zeit im Kindergarten war. Die Jungen konnten zeitweise mit ihm raufen, sie machten aber auch ohne jede Schwierigkeit bei anderen Aktivitäten, die sie sonst ablehnten, mit."

In diesen Äußerungen werden Beobachtungen ausgetauscht, die darauf hinweisen, daß die Erzieher – ohne es zu wollen und ohne es meistens zu wissen – auf die Rollenfestlegung der Kinder einwirken. Auf solche Beobachtungen und Überlegungen kommt man alleine in der täglichen Praxis nicht so leicht. Dazu verhilft die entlastete Situation in einem Arbeitskreis, in dem eine ausreichende Vertrauensbasis besteht, um sich kritisch mit den Selbstverständlichkeiten der Alltagsroutine zu beschäftigen.

Um den Ursachen für die geschilderten Beobachtungen nachzugehen, stellte sich den Erzieherinnen im Arbeitskreis die Frage: Wie wurden wir selbst erzogen? Fast alle Teilnehmer des Gesprächs konnten sich erinnern, daß sie als Kinder sehr stark nach traditionellen Geschlechtsrollenvorstellungen erzogen worden waren.

„Wie habe ich mich geärgert, daß ich zu Hause immer bei der Hausarbeit mithelfen mußte, während mein Bruder Fußball spielen konnte."

„Ich mußte abends immer pünktlich sein. Wenn mein Bruder mal später kam, wurde es zwar auch nicht gerne gesehen, aber was konnte schon passieren? Aber bei mir? Ich wurde als junges Mädchen regelrecht überwacht."

„Eigentlich hätte ich gerne studiert. Sprachen haben mich so interessiert. Aber meine Eltern waren der Meinung, daß sich eine solch lange und kostspielige Ausbildung für Mädchen nicht lohne. 'Du heiratest ja doch', hieß es immer. Und das bedeutete, daß ich mich auf Haushalt und Kindererziehung einrichten sollte."

„Wenn wir mal ehrlich sind, ist nicht auch unsere Berufswahl in vielen Fällen Folge einer typisch weiblichen Erziehung? Gilt nicht der Beruf der Erzieherin noch weiterhin als der ideale Frauenberuf? Relativ kurze Ausbildung, die Tätigkeit bereitet gut auf Familie und Ehe vor. Und bisher hat doch auch die Fluktuation in unserem Beruf bestätigt, daß die Berufstätigkeit oft nur Übergangslösung ist."

Die Meinung, der Erzieherberuf sei ein typischer Frauenberuf, den besonders Frauen bevorzugen, die sehr stark an der traditionellen Frauenrolle orientiert sind, führte zu weiteren Fragen: Wenn das so ist, wie kann man dann hoffen, daß die Kinder im Kindergarten nicht auch genau diesen Einflüssen ausgesetzt sind? Wieso ändert sich die Situation im Erzieherberuf so wenig? Warum ergreifen kaum Männer diesen Beruf, obwohl dies für die Kinder sehr wichtig wäre? Ist das Desinteresse der Männer für diesen Beruf nur auf die schlechte Bezahlung zurückzuführen? Könnte die nicht verbessert werden, wenn die Erzieher stärker organisiert wären? Welche anderen Gründe könnte es geben?

In diesem Zusammenhang wurde deutlich, daß die Erzieher in ihrer Berufstätigkeit als Frauen Minderwertigkeitsgefühle haben. So äußerten sich einige Kollegen: „Ich bin immer froh, wenn ein Mann in der Arbeit dabei ist. Frauen allein sind so schrecklich. Immer dieser Tratsch . . . dieses Konkurrenzverhalten . . ." Ist das wirklich so? – Gibt es unter Männern weniger Gerede, weniger Konkurrenzverhalten? – Bei weiterem Nachdenken glaubte dies niemand. Aber das Gefühl der Unzufriedenheit darüber, im Erzieherberuf immer nur unter Frauen zu sein, ist fast allen geläufig. Es wurde überlegt, ob sich dies in der Arbeit äußert. Eine Kollegin verwies auf die Elternarbeit und besonders auf die Zusammenarbeit mit Vätern:

„Ich glaube, wir fühlen uns ganz stark unter dem Druck, von Vätern ernst genommen zu werden. Bei einem Elternabend habe ich vorher alle Mütter gebeten, ihre Männer mitzubringen. Ich habe alle Väter, die ihre Kinder holten oder brachten, auf den Elternabend hin angesprochen. Und darum waren am Abend 10 Väter anwesend. Als ich die Männer sah, stand ich persönlich unter großem Druck: 'Mein Gott, jetzt darfst Du auf keinen Fall Blödsinn reden.' Ich hatte richtige Angst, daß die Väter denken, wir würden im Kindergarten nur so Frauengeschwätz daherreden."

Es wurde deutlich, daß Überlegungen zur Situation der Erziehung von Jungen und Mädchen im Kindergarten im Verlauf der Arbeit zur Analyse der eigenen Situation geführt hatten: Wie wurden wir erzogen? – Was geben wir unbemerkt an die Kinder weiter? – Wo haben wir selbst Schwierigkeiten als Frauen in der Zusammenarbeit mit Kollegen oder mit Eltern? – Dies alles sind Fragen, denen nachgegangen werden muß, um im Umgang mit den Kindern bewußter reagieren zu können.

b) Was wollen wir aufgreifen und erreichen?

Die meisten Teilnehmer der Arbeitsgruppe waren der Meinung, daß die Gespräche zur eigenen Situation sehr wichtig gewesen waren, um ihre Verhaltensweisen besser einschätzen zu können. Sie äußerten die Hoffnung, danach an manchen Punkten überlegter und differenzierter auf die Kinder reagieren zu können. Einige gaben zu bedenken, daß es falsch wäre, über den eigenen Schatten springen zu wollen, denn man könne in der Erziehung der Kinder nur soviel erreichen und vertreten, wie es den eigenen Erfahrungen und Einstellungen entspräche. Die Erzieher stellten sich danach die Frage, welche Ziele sie bei ihrer Arbeit setzen können, wenn sie persönlich so stark von der Problematik betroffen sind.

Folgende Ziele wurden gesehen:
– Es sollte bewußt darauf geachtet werden, daß die Kinder nach ihren individuellen Interessen und Fähigkeiten gefördert werden. Eingefahrene Gewohnheiten in der Kindergruppe bei Spielen von Jungen und Mädchen sollten durch neue Spiel- und Materialangebote aufgelockert werden.
– Bei Spielen, Exkursionen und Projekten sollte darauf geachtet werden, auf die vielfältigen Verhaltensweisen und Berufsrollen von Männern und Frauen – insbesondere wenn sie nicht den gängigen Geschlechtsstereotypen entsprechen – aufmerksam zu machen.
– Männer – Praktikanten, Väter und andere Berufstätige – sollten mehr in die Arbeit einbezogen werden.
– Gemeinsame Tätigkeiten von Jungen und Mädchen – ob in der Küche oder an der Werkbank – sollten gefördert werden.
– Die Erzieher sollten sich häufiger mit ihrer eigenen Berufsrolle beschäftigen. Zusätzlich wäre es sinnvoll, sich mit den Müttern zu verständigen, die oft ähnlich gelagerte Schwierigkeiten haben.

c) Welche Arbeitsschritte sind sinnvoll?

Nach den bisherigen Überlegungen ist es nicht leicht, Ideen für Projekte und Spiele zu finden. Meist kommt es mehr darauf an, daß sich die Erzieher der Problematik geschlechtsspezifischer Erziehung bewußt sind und bei bestimmten Anlässen entsprechend reagieren können. Diese Problematik und die sich daraus ergebenden Fragen an die Berufsrolle des Kindergartenerziehers sind besonders dazu geeignet, daß sie im Team angesprochen werden.

Folgende Anregungen für die Arbeit mit den Kindern wurden genannt:
– Das verfügbare Spielzeug soll daraufhin überprüft werden, ob es nur von Jungen oder Mädchen benutzt wird.

– Durch zunächst attraktive Angebote (z. B. Kochen, Picknick, Basteln an der Werkbank) sollen Jungen und Mädchen gemeinsam angesprochen werden.
– Bau- und Puppenecke können aufgelöst und anders angeordnet werden.
– Wir machen Feste, bei denen alle Kinder toben können.
– Wir machen Feste, bei denen alle Kinder mit Puppen oder Schmusetieren spielen.
– Wir tanzen zusammen.
– Wir verkleiden uns.
– Wir laden die Väter gezielt ein.

d) Welche Materialien können wir beschaffen bzw. vorbereiten?

– Bilderbücher, in denen Berufsrollen von Frauen und Männern dargestellt sind;
– Bilder und Bücher, die über andere Länder berichten, in denen Frauen und Männer eine andere Arbeitsteilung haben;
– Rollenspielutensilien, die auch verschiedene Berufssituationen andeuten;
– Handwerksgeräte;
– Schminkutensilien;
– Geräte zum Kochen, Backen, Abwaschen;
– Wohnecke im Gruppenraum einrichten;
– Genügend technische Materialien (auch für Mädchen) bereitstellen.

3.5 Zu welcher Praxis führt solche Planung?

Die beschriebenen Planungsbeispiele machen deutlich, daß es nicht darum gehen kann, nur ein Thema zu planen und es dann Schritt für Schritt umzusetzen. „Neue Kinder“ ist kein Thema wie etwa „Die Aufgaben des Regens und der Sonne“, es ist auch kein Rahmenthema wie „Herbst“, sondern bezeichnet einen sehr viel komplexeren Zusammenhang:

„Neue Kinder“ als Ausgangspunkt für eine Planung wird an verschiedenen Situationen im Kindergartenalltag gleichzeitig aktuell, und das Aufgreifen solcher Anlässe führt zur Bearbeitung der verschiedenartigsten inhaltlichen Zusammenhänge. Bei der Umsetzung eines Rahmenthemas wie „Herbst“ wäre die Hereinnahme anderer Inhalte – die sich z. B. durch ein aktuelles Ereignis im Kindergarten anbieten würden – ein Abweichen vom gesetzten Planungsziel. Eine Planung dagegen, die von der Situation der Kinder ausgeht, fordert solche „Abweichungen“ geradezu heraus, trotzdem wird die ursprüngliche Planungsabsicht weiter verfolgt. Bei der Aufnahme neuer Kinder in die Gruppe kann z. B. die Problematik von Außenseitern hereinspielen. An einer anderen Stelle wird die Erzieherin die Notwendigkeit sehen, die neuen Kinder in die Regelungen des Kindergartens einzuführen, und kann dabei gleichzeitig mit den alten Kindern weitere Regelungen und Nutzungsmöglichkeiten des Materialangebotes besprechen. Sind Kinder aus Gastarbeiterfamilien unter den Neuen, kann dies dazu führen, deren besondere Lebensumstände näher zu erforschen, um mehr Verständnis für sie zu entwickeln.

Im folgenden wird ein Tag in einer Gruppe skizziert, um zu zeigen, wie Planungsvorhaben im Vollzug und in der nachträglichen Reflexion der Arbeit sukzessive fortgeschrieben und durch neue Ideen angereichert werden. Allerdings läßt sich ein Kindergartentag nicht lückenlos dokumentieren. Eine ganze Reihe kleiner und in der Praxis gewiß oft recht kräftezehrender Begebenheiten – Einzelgespräche mit Kindern, technische Mißgeschicke (z. B. ein umgefallener Kleistertopf), Konflikte, organisatorische Aufgaben, die zwischendurch erledigt werden müssen usw. – haben wir zugunsten größerer Überschaubarkeit weggelassen. Dies bedeutet jedoch nicht, daß solche Arbeiten in ihren Anforderungen an den Erzieher sowie in ihrer Bedeutung für die Kinder unterschätzt werden.

Die Erzieherinnen, nehmen wir an, es wären zwei – eine Erzieherin und eine Jahrespraktikantin – haben sich seit einiger Zeit die Integration der neuen Kinder in die Gruppe als Hauptziel für ihre pädagogische Arbeit vorgenommen. Sie arbeiten in einer Tagesstätte im Schichtdienst, die eine von 7 Uhr bis 15 Uhr, die andere von 9.30 bis 17.30 Uhr. Im Team wurde vereinbart, daß sie ihre Vorbereitungszeit größtenteils im Kindergarten verbringen; dadurch haben die Kollegen in einer Gruppe genügend Überschneidungszeiten, um ihre Arbeit miteinander abzustimmen.

Was Kinder und Erzieher tun:	*Was die Erzieher dafür planen:*
Morgens ist nur eine Erzieherin in der Gruppe. Die Kinder kommen nach und nach zwischen sieben und neun Uhr.	
Die Erzieherin schlägt den ersten Kindern ein Brettspiel vor, das sie am Morgen zuvor bereits mit ihnen gespielt hatte: Die Kinder sollen es einem Kindergartenneuling zeigen. Er soll lernen, wo das Spiel im Gruppenraum zu finden ist, wie es geht, welche Regeln zu beachten sind und daß es nach dem Spiel auch wieder weggeräumt werden muß. Die Erzieherin spielt zuerst zusammen mit dem Neuen mit: Als später mehr Kinder kommen, läßt sie die Gruppe allein weiterspielen.	Der Erzieherin war aufgefallen, daß einer der Neulinge, der morgens sehr früh gebracht wurde, zu den anderen kaum Kontakt fand. Sie sucht deshalb nach Möglichkeiten, ihn in eine gemeinsame Beschäftigung einzubeziehen, die für den Neuen überschaubar ist und zum Angstabbau verhilft. – Deshalb hat sie tags zuvor mit den anderen Kindern dieses Brettspiel gespielt und nebenbei mit ihnen besprochen, wie sie es am folgenden Tag dem Neuen am besten erklären könnten.
Ein anderes Kind, das ebenfalls sehr früh gekommen ist, will nicht mitspielen. Es ist ihm anzusehen, daß es noch nicht ganz wach ist. Die Erzieherin gibt ihm zwei Stofftiere, die auch bei den anderen sehr begehrt sind, und schlägt ihm vor, sich auf den Polstern in der Leseecke noch ein bißchen auszuruhen. Sie verspricht dem Kind, daß es die Kuscheltiere solange behalten darf, bis es Lust bekommt, etwas anderes zu spielen.	Aus Gesprächen mit der Mutter weiß die Erzieherin, daß dieses Kind zu Hause im Moment starke Konflikte zwischen den Eltern miterlebt. Es ist davon sehr beeindruckt und leidet anscheinend unter Trennungsängsten. Die Erzieherin hat die Erfahrung gemacht, daß dieses Kind eine Zeitlang das Alleinsein braucht und nur zurückhaltende, aber sichere Zuwendung von ihr erwartet, bis es selbst in die Gruppe findet.
Die anderen Kinder suchen sich nach ihrem Eintreffen gleich Beschäftigungen. Zwei Mädchen gehen in die Puppenecke, verkleiden sich und beginnen ein Rollenspiel. Ein Mädchen und ein Junge hatten am Vortag damit begonnen, an der „Werkbank“ (ein stabiler Tisch, der an der Wand steht, daneben ein Regal mit Werkzeugen) ein Boot zu bauen und arbeiten jetzt weiter.	Die beiden Erzieherinnen hatten sich vor längerer Zeit entschlossen, ein reichhaltiges Materialangebot (alte Kleider, Werkzeuge, Geschirr, Farben, Kleister, Pappe usw.) im Gruppenraum an jeweils dafür vorgesehenen Plätzen frei verfügbar bereitzustellen. Die Kinder können sich selbst holen, was sie brauchen. Mit ihnen werden schon seit mehreren Wochen zweckmäßige Regeln zur Benutzung der Materialien erarbeitet.

Nachdem fast alle Kinder eingetroffen sind, bittet die Erzieherin mehrere Kinder zu überlegen, wer noch fehlt.

Absicht dabei ist, daß die Kinder langsam einen Blick für die neu zusammengesetzte Gruppe bekommen sollen.

Zwischendurch fordert sie eins der älteren Kinder auf, einem Kleinen den Anorak auszuziehen und an den entsprechenden Platz zu hängen.

Die Kinder sollen sich soweit wie möglich bei diesen täglich anfallenden Tätigkeiten selbst behelfen. Deshalb versuchen die Erzieher, Kinder, die Hilfestellung brauchen, an andere zu verweisen. Durch eine Reihe von Maßnahmen haben die Erzieher den Kindern das selbständige Einhalten von Regelungen erleichtert. Ein Beispiel: Namensschilder mit Fotos (jeder wird fotografiert, vom Film werden auf mehreren Bögen Kontaktabzüge gemacht) an Garderoben, Handtuchhaltern sowie am persönlichen Fach jedes einzelnen Kindes.

Die Leiterin des Kindergartens kommt und lädt mehrere Kinder zu einem Gang durch das Kindergartengebäude ein. Zweck dieses Unternehmens soll sein, die Neuen mit den verschiedenen Räumen des Kindergartens und deren Funktion bekannt zu machen und zu überlegen, wo man am geplanten Spielnachmittag für Eltern und Kinder Wegweiser, zusätzliche Beschäftigungsangebote und eine Kaffee-Ecke einrichten könnte. Dieses Vorhaben wird im Gruppenraum kurz mit interessierten Kindern besprochen. Es ist freigestellt, wer mitmachen will, allerdings sollen nicht mehr als neun Kinder – darunter einige Neue – mitgehen.

Die Erzieherin hat in der letzten Teambesprechung die Leiterin darauf angesprochen: Die Leiterin ist froh, den direkten Kontakt zu den Kindern – zumindest im zeitlich eingeschränkten Rahmen – nicht ganz zu verlieren: An drei Vormittagen in der Woche arbeitet sie deshalb eine bis eineinhalb Stunden in jeweils einer der drei Gruppen mit. Damit kann auch die Vormittagszeit, in der wegen Schichtdienst nur eine Bezugsperson in der Gruppe sein kann (zumindest einmal in der Woche), intensiver pädagogisch genutzt werden.

Die Kinder wissen seit einigen Tagen, daß sie den Spielnachmittag mitorganisieren dürfen. Bis jetzt ist gedacht an: selbstgebackenen Kuchen, Malangebote (Fingerfarben) für Eltern und Kinder und Spiele im Freien.

Der Spielnachmittag ist schon seit längerem geplant. Die Idee kam in einer Teambesprechung zustande. Ziel dieses Nachmittags soll sein, die Eltern der alten und neuen Kinder miteinander bekannt zu machen und den Eltern Gelegenheit zu geben, ihre Kinder einmal in der Gruppe zu erleben. Der Nachmittag soll an einem Freitag stattfinden, weil an diesem Tag mit einer größeren Teilnahme, vielleicht auch von Vätern, gerechnet wird.

Vier Kinder, die nicht mitgehen können, weil sonst die Gruppe zu groß geworden wäre, fordert die Erzieherin auf, sich gemeinsam ein Programm für den Spielnachmittag zu überlegen und ihre Vorschläge als Bilder zu malen. Sie beteiligt sich zunächst am Gespräch und schlägt einige Aktivitäten vor, dann zeigt sie den Kindern, wie man die Ideen in „Bildernotizen“ festhalten könnte. Die Kinder sind zunächst unzufrieden und haben keine Lust, mitzuarbeiten. Als sie jedoch merken, daß ihre Vorschläge ernstgenommen werden, wird ihr Interesse stärker.

Die Erzieherin muß improvisieren: Sie hatte nicht damit gerechnet, daß sich so viele Kinder für den Gang durch den Kindergarten interessieren würden. Sie muß sich mit dieser Untergruppe nun intensiver befassen, obwohl das schwierig ist, weil eine Reihe anderer Kinder auch etwas von ihr wollen: Sie muß sich entscheiden, wem sie sich zuerst zuwendet.

Drei Kinder spielen – vom übrigen Geschehen im Gruppenraum ganz unberührt – im Puppenhaus: Zu den beiden Mädchen, die sich schon seit dem Morgen dort aufhalten – sie haben sich als „Mutter“ und „Oma“ verkleidet – hat sich noch ein 3jähriger Junge gesellt, der bisher in keiner anderen Untergruppe zu einer Beschäftigung gefunden hatte. Er wird von den beiden tatkräftig versorgt, herumkommandiert und in regelmäßigen Abständen ins Bett gesteckt. Er selbst kann das Spiel kaum mitbestimmen und läßt alles mit sich geschehen.

Die Erzieherin braucht sich um diese selbständige Spielgruppe kaum zu kümmern. Sie beobachtet nur, daß die beiden Mädchen – sie gehören zu den „Großen“ in der Gruppe – mit dem Jungen ziemlich rigoros umgehen und dieser alles passiv erduldet. Die Erzieherin nimmt sich vor, den Jungen weiterhin zu beobachten und will auch mit ihrer Kollegin über ihn sprechen. Sie überlegt auch, wie sie die beiden Mädchen zu anderen Tätigkeiten anregen und von ihrem tagtäglichen Familienspiel in der Puppenecke abbringen könnte.

Als die Kollegin kommt, setzt sich die Erzieherin mit mehreren Kindern an den Frühstückstisch, der an einem abgeschirmten Platz im Gruppenraum steht. Hier ist der Ort für entspannte Gespräche, z. B. ob das gebaute Schiff wohl schwimmen wird, wo und wie man das ausprobieren könnte. Auch zwei von den neuen Kindern kommen mit

Es hat lange gedauert, bis eine praktische Regelung für das tägliche zweite Frühstück gefunden wurde: Alle, Kinder und Erzieher, hatten das gemeinsame Frühstück in der Großgruppe als künstlichen Einschnitt und Störung laufender Aktivitäten empfunden. Jetzt gibt es einen „Eßtisch“, der in einer Ecke des Gruppenraumes ihrem Frühstück zu der Runde. Man unterhält sich über Regelungen, die sich in der Gruppe für das Frühstück bereits eingespielt haben: Nur fünf bis sechs Kinder haben jeweils am Tisch Platz; jedes Kind bringt nach dem Essen seinen Platz wieder in Ordnung. Die Erzieherin fragt die Kinder am Tisch, bei welchen Arbeitsschritten die erfahrenen Kinder den Neuen wohl noch helfen müssen: z. B. beim Abspülen des Geschirrs und beim Tee-Eingießen.

Die Putzfrau des Kindergartens ist Italienerin. Sie lebt bereits längere Zeit in Deutschland und spricht gut Deutsch. Sie hat sich bereiterklärt, an diesem Vormittag mit einigen neuen Kindern – ebenfalls Italiener – und anderen aus der Gruppe zu spielen. Dadurch sollen die neuen Gastarbeiterkinder besser in die Gruppe integriert werden. – Die Erzieherin und die Putzfrau haben sich am Vortag ein umfunktioniertes Memory überlegt: Jedes Kind soll in seiner Sprache den Namen des abgebildeten Gegenstandes sagen. Zuvor muß sich die Spielgruppe – die beiden neuen Italienerkinder, ein älteres Spanierkind, das schon ein wenig Deutsch kann, und zwei deutsche Kinder – einen Platz suchen, an dem man ungestört spielen kann: In der Bauecke, wo sie sich schließlich niederlassen, müssen sie erst die Klötze wegräumen. Das verstehen auch schon die Neuen und machen eifrig mit. Die Frau hat ihren zweijährigen Sohn mitgebracht, der vor den vielen Kindern kaum erschrickt: Er ist die große Attraktion, und die Erzieher müssen aufpassen, daß ihm die Kinder nicht allzuviel zumuten.

steht und durch ein Regal etwas vom übrigen Geschehen im Gruppenraum abgeschirmt ist. Dort finden sich immer kleinere Runden zusammen. Auch die Erzieher kommen gern dazu, denn hier ergeben sich ganz zwanglos Unterhaltungen. Auf dem benachbarten Fensterbrett steht eine Schüssel mit Spülwasser bereit: Die Kinder spülen das benutzte Geschirr selbst ab, damit die nachkommenden wieder einen sauberen Platz haben.

Beide Erzieherinnen haben zur Putzfrau einen guten Kontakt und haben sie angesprochen, weil die beiden neuen Gastarbeiterkinder in ihrer unmittelbaren Nähe wohnen. Zu den Eltern dieser Kinder konnte bisher noch kein Kontakt hergestellt werden, weil sie kaum Deutsch sprechen und sehr zurückhaltend sind. Zunächst wollten die Erzieherinnen die Putzfrau nur bitten, der Familie einige Informationen über Organisatorisches auszurichten. Dann waren sie im Gespräch auf die Idee gekommen, den Kindern auf diese Weise den Einstieg zu erleichtern. Da die Frau normalerweise erst am späten Nachmittag mit ihrer Arbeit beginnt, mußten die Erzieher für sie und ihr Kind im Kindergarten ein Mittagessen und einen Ausgleich für Überstunden organisieren. Die Erzieherinnen haben auch einiges Bildmaterial (Postkarten, Merianhefte, Bücher) über das Leben in südlichen Ländern vorbereitet; geeignete Bilderbücher hatten sie leider nicht gefunden.

Als es gegen Mittag draußen wärmer wird, gehen viele Kinder mit der Praktikantin auf den Hof. Allmählich werden die Kinder abgeholt. Die Erzieherin muß sich für Gespräche mit den Eltern bereithalten.
Eine Mutter fragt, was die Gruppe mit der Italienerin in der Bauecke gespielt hätte und findet dieses Spiel sehr gut. Sie erklärt sich spontan bereit, die Kindergruppe in der nächsten Woche nach Hause einzuladen und selbstgedrehte Ferienfilme über Italien zu zeigen.

Nur etwa ein Drittel aller Kinder sind Ganztagskinder. Sie sind auf drei Gruppen verteilt, kennen einander aber gut. Um die Mittagszeit treffen sie sich im „Eßzimmer", einer gemütlichen Ecke auf dem Flur vor der Küche. Die Kinder haben mitgeholfen, diesen Raum zu gestalten: Rückwände von Schränken, die als Raumteiler zum übrigen Flur benützt werden, sind mit einigen großflächigen Bildern tapeziert. Jede Woche sind die Ganztagskinder aus einer anderen Gruppe für das Tischdecken zuständig. Die Kinder sind stolz auf das Porzellangeschirr (Elternspende) und wollen nicht mehr aus Plastiktellern essen.
Nicht alle Kinder müssen nach dem Mittagessen schlafen. Wer wachbleibt, muß sich aber eine stille Beschäftigung suchen.

Die Erzieherinnen dieses Kindergartens nutzen gern die Gelegenheit, mit Eltern auf diese Weise in Kontakt zu kommen. Gespräche zwischen Tür und Angel sind der einfachste Weg, um sich schnell über die Kinder zu verständigen und Eltern über die Arbeit zu informieren. Die Erzieherinnen sprechen die Eltern hier auch häufig wegen des nächsten Elternabends an oder bitten sie um Mitarbeit, denn im persönlichen Gespräch gelingt es besser, die einzelnen Eltern zu interessieren.

Nachdem es einige Jahre eine reine Ganztagsgruppe im Kindergarten gegeben hatte, entschlossen sich die Erzieher, die Ganztagskinder auf die einzelnen Gruppen aufzuteilen. Auf diese Weise, so hofften sie, würden sich die besonderen Schwierigkeiten dieser Kinder etwas verteilen.
Für die Betreuung in der Mittagszeit sind zwei Erzieher aus der Frühschicht zuständig, die nachmittags nicht mehr in den Gruppen arbeiten. Für die Kinder ist damit ein Stück personeller Kontinuität gesichert, denn bei diesen Erziehern werden sie in der Frühe auch abgeliefert. Die Mitarbeiter haben sich auf diese Regelung geeinigt, weil dadurch für die anderen Zeit zur Teamarbeit zwischen 13 Uhr und 14 Uhr bleibt (Mittagspause ist zwischen 12 und 13 Uhr). Allerdings sind die Erzieher mit dieser Regelung noch nicht ganz zufrieden; es müßten noch Wege gefunden werden, daß nicht immer dieselben Mitarbeiter vom Teamgespräch abgehalten werden.
Im Team wird an diesem Tag der kommende Spielnachmittag weitergeplant. Da kein Geld für erforderliche Zusatzausgaben (etwa für Kaffee) vorhanden ist, überlegen sich die Erzieherinnen, wie sie ihre Elternarbeit gegen-

über dem Trägervertreter so darstellen können, daß dieser einen Zuschuß bewilligt. Außerdem werden noch für die kommende Woche Regelungen zum Überstundenausgleich für die vergangenen Elternabende getroffen.

Nachmittags sind weniger Kinder im Kindergarten. Die Erzieher haben jetzt mehr Zeit für Aufzeichnungen, Vorbereitungsarbeiten und gemeinsamen Erfahrungsaustausch.
Bei schönem Wetter sind Kinder und Erzieher meist zwischen 14 Uhr und 15 Uhr im Freien, bei schlechtem geht die Kleingruppenarbeit im Gruppenraum weiter.

An diesem Nachmittag schlägt die Erzieherin den Kindern vor, Plätzchen zu backen: Die Putzfrau, die sich vormittags so viel Zeit für die Kinder genommen hatte, soll ein Geschenk bekommen – selbstgebackene Plätzchen in einer Dose –, und für den Spielnachmittag braucht man auch welche.
Einige Kinder haben schon Plätzchen gebacken, andere noch nie. Deshalb werden die einzelnen Arbeitsschritte vorher in einem Gespräch geplant: Jedes Kind soll eine andere Arbeit übernehmen. Nachdem die Plätzchen im Rohr sind, wollen die Kinder spielen. Sie haben ziemlich lange konzentriert gearbeitet und brauchen jetzt eine andere Beschäftigung. Später, so wird vereinbart, soll noch abgespült werden. Die Kinder, die keine Lust zum Backen haben, gehen in eine andere Gruppe. Sie müssen allerdings vorher dort fragen, ob sie kommen dürfen.

Die Erzieherin hat die Zutaten bereits besorgt. Da in diesem Kindergarten häufiger gebacken wird, gibt es schon Meßgläser mit leicht verständlichen Markierungen und stabiles Geschirr. Daß zwischen dem Backen und dem Abspülen eine Pause zum Austoben und Entspannen notwendig sein würde, hatte sich bereits beim letzten Backen herausgestellt. Die Erzieherin bemerkt, daß die Kinder doch noch wenig selbständig arbeiten können. Sie muß immer wieder eingreifen, so daß manche Kinder ungeduldig werden. Sie erkennt: Die Kinder müssen sich noch mehr an planerisches Verhalten gewöhnen; deshalb nimmt sie sich vor, dies als Diskussionsthema für die nächste Teambesprechnung vorzuschlagen.

Die Erzieherin sagt den Kindern eine halbe Stunde vorher, daß die Gruppe in den Gymnastikraum gehen wird, damit sich die Kinder darauf einrichten können,

Auf solche Gelegenheiten, Kinder an überschaubare Planungszeitspannen zu gewöhnen, legen die Erzieherinnen besonderen Wert: Die Kinder lernen hier, ihr Spiel zu Ende bringen und die benutzten Materialien wieder wegräumen.

sich selbständiger zu verhalten, was den Erwachsenen einiges an disziplinierenden Eingriffen erspart. Ein wichtiges Hilfsmittel dafür ist beispielsweise die Uhr im Gruppenraum, die für alle gut sichtbar angebracht ist. Da nicht alle Kinder die Uhrzeit ablesen können, haben die Erzieher Zeiträume durch farbige Folien zwischen Zifferblatt und Zeiger gekennzeichnet. So ist die Zeit, in der die Kinder frühstücken können, als farbiges Feld auf der Uhr gut sichtbar. Nähert sich der Uhrzeiger dem Ende dieses Feldes, weiß jedes Kind, daß es bald mit dem Frühstück aufhören muß. Die Kinder erinnern sich auch oft gegenseitig, daß die Zeit bald um ist.

Im Gymnastikraum werden Übungen in der Gesamtgruppe und Paarübungen gemacht. Dabei kommt es darauf an, daß ein großes und ein kleines Kind zusammen turnen. Sie sollen sich selbst zu passenden Paaren zusammenfinden, was zwar recht lange dauert, aber wieder eine Gelegenheit ist, alte und neue Kindergartenkinder miteinander in Kontakt zu bringen.

Am späten Nachmittag ist der Gymnastikraum frei. Er kann leider nicht immer benutzt werden, weil alle drei Gruppen und der angrenzende Hort denselben Anspruch auf ihn haben.
Ideen für einzelne Gymnastikübungen hatte eine Erzieherin dieses Teams von einem Fortbildungslehrgang mitgebracht und an die Kollegen weitergegeben.

Dann werden die Kinder abgeholt. Wieder gibt es Gespräche mit einigen Eltern.

4 Kindergarten und Einzugsbereich

4.1 Kindergarten – Lernort für Kinder und Erwachsene

Wir haben an verschiedenen Stellen dafür plädiert, daß sich der Kindergarten nach außen öffnet, daß sowohl die Kinder Lernorte außerhalb der Einrichtung aufsuchen, wie auch andere Personen in den Kindergarten hineinkommen, daß also die Lernorte und der Personenkreis, mit dem gelernt wird, erweitert werden. Warum diese Veränderung der Stellung des Kindergartens im Gemeinwesen? Warum diese veränderten Anforderungen an die dort tätigen Erzieher? Dafür gibt es mehrere Gründe, und zwar bezogen auf die Kinder, die Eltern und auf die Erzieher selbst.

Für Kinder: Das Ziel, das in den hier dargestellten Überlegungen zur Arbeitskonzeption und Planung im Kindergarten immer wieder durchklingt, ist mehr Lebensnähe der Erziehung in Erziehungseinrichtungen. Es geht darum, für Kinder erfahrbare Lebenswirklichkeit zum Lerngegenstand zu machen. Diesem Ziel verschreiben sich auch viele Arbeitshilfen, die es in jedem Kindergarten gibt, z. B. Bilderbücher oder Arbeitsmappen, die die Umwelt des Kindes darstellen und Gegenstände und Erscheinungen erklären wollen. Aber ist es nicht viel sinnvoller, wenn die Kinder – soweit dies möglich ist – die Erscheinungen ihrer Umwelt nicht nur aus dem Bilderbuch, sondern in Wirklichkeit und am Ort des Geschehens kennenlernen? Wenn das Lernen nicht allein im Zusammenhang mit Denken, sondern verbunden mit Denken und Handeln geschieht? – Eines ist sicher: Kinder, die mit ihrer Umwelt dort vertraut gemacht werden, wo auch gelebt und gehandelt wird, behalten mehr über ihre Umwelt, sie lernen gleichzeitig mit Dingen und Menschen umzugehen. Aus dieser Überlegung läßt sich die Konsequenz ziehen, daß Lernen nicht mehr auf den Bereich des Kindergartens begrenzt sein kann. Andere Bereiche, die das Leben der Kinder außerhalb des Kindergartens bestimmen, müssen als Lernfelder erschlossen werden. Man muß sich auch fragen, ob nur Erzieher als Lehrende – oder besser: Mitlernende – auftreten können, oder ob nicht an vielen Stellen andere Personen, z. B. Eltern, von ihren beruflichen oder sonstigen Erfahrungen her viel kompetenter sind?

Für Eltern: Eine Öffnung des Kindergartens als Lernort hätte auch für Eltern Vorteile. Viele von ihnen, insbesondere die Mütter, leiden unter der Isolierung, in der die meisten Familien heute leben. Das Berufsleben spielt sich außerhalb des Hauses ab, das Privatleben ist von ihm streng getrennt und häufig auf die wenigen Personen der engeren Familie beschränkt. Kontakte zu Nachbarn, zu anderen Familien sind selten. Noch seltener sind gemeinsame Aktionen, wie beispielsweise ein Ausflug mit mehreren Eltern und Kindern, ein Spielnachmittag für mehrere Familien usw. Dabei würde für viele Elternteile ein Kontakt mit anderen Familien sehr hilfreich sein, weil ihnen neben der gemeinsamen Erfahrung in der Kindererziehung auch die zeitweise Entlastung von den eigenen Kindern sehr willkommen wäre. – In dieser Situation läßt sich der Kindergarten zu einem Kommunikationszentrum entwickeln, in dem Kontakte zwischen Eltern angeknüpft werden, die sich gerade in Fragen der Betreuung und Erziehung der Kinder gegenseitig beraten und aushelfen wollen. Dort können auch Eltern in die pädagogische Arbeit miteinbezogen werden und dadurch sowohl selbst ein Stück ihrer Erfahrung für die Kinder einbringen, wie auch durch den Umgang mit der Kindergruppe einiges für die Erziehung des eigenen Kindes lernen.

Für Erzieher: Für sie bedeutet eine Öffnung des Kindergartens nach außen längerfristig nicht nur Mehrarbeit. Der Versuch, die gettoähnliche Abkapselung der Kleinkindererziehung im Kindergarten zu verhindern, kann auch das Selbstverständnis und die Arbeitsweise des Erziehers verändern. – Für viele Erzieher ist die ständige Arbeit mit Kleinkindern nicht leicht. Wer hatte nicht schon das Gefühl, sich im ständigen Kontakt mit den Kindern zu verausgaben, oder daß Ideenanstöße fehlen? Einige Erzieher meinten sogar, sie hätten den Eindruck, selbst immer „kindlicher“ zu werden und die Sicherheit im Umgang mit Erwachsenen zu verlieren. Dieses Problem, von dem in mehr oder weniger starkem Maße alle Pädagogengruppen betroffen sind, kann abgeschwächt werden, wenn man andere Erwachsene in die Arbeit einbezieht. Durch Kooperation mit ihnen könnte der Erzieher Gesprächspartner für seine arbeitsbezogenen Fragen gewinnen, Gesprächspartner vielleicht, die ihn auf kritische Punkte aufmerksam machen, in jedem Fall aber Gesprächspartner, zu denen er andere Beziehungen aufnehmen muß als zu Kindern. Der Erzieher gewinnt also nicht nur erwachsene Gesprächspartner, er bekommt nicht nur „feed back“ über seine Arbeit, sondern er erreicht über die Auseinandersetzung mit anderen Erwachsenen auch eher eine kritische Distanz zu seiner eigenen Erzieherrolle, die durch den ausschließ-

lichen Kontakt mit Kindern leicht verlorengehen kann.
An dieser Stelle mag mancher einwenden, es könnte bei Außenstehenden die Frage entstehen, wozu Erzieher eine Ausbildung benötigen, wenn Eltern ebenfalls mit der Kindergruppe arbeiten können. Diese Frage entsteht vor allem dann, wenn Erzieher nicht so tun, als ob sie für jedes Erziehungsproblem eine Lösung parat hätten, sondern auch im Interesse der Mitbeteiligung von Eltern zugeben, wenn sie auch Unsicherheiten verspüren. – Verliert der Erzieher, der so arbeitet, seine Expertenfunktion für die Kleinkindererziehung? Kann er trotzdem noch vor Eltern, Trägervertretern und Kollegen auf mehr Vorbereitungszeit und Fortbildungsmöglichkeiten bestehen? Wir meinen, daß er gerade dann Anspruch darauf hat. Durch Außenkontakte des Kindergartens wird nämlich das Arbeitsfeld für Erzieher anspruchsvoller und vielseitiger. Es werden – im Vergleich zum bisherigen Betätigungsfeld – höhere Anforderungen an Reflexionsvermögen, Organisations- und Kommunikationsfähigkeit gestellt. Der Erzieher kann es sich aufgrund seiner erweiterten Arbeitsansätze eher leisten, mit den Eltern Erziehungsfragen gründlicher zu bearbeiten und braucht keine fragwürdigen Patentrezepte mehr zu verteilen. Beide Seiten, Eltern und Erzieher, werden durch einen reichhaltigeren Erfahrungsaustausch gewinnen: Eltern bekommen Informationen, wie sich ihr Kind in anderen sozialen Beziehungen verhält, und können daraus vielleicht Aufschluß über die familiäre Erziehung erhalten. Erzieher erfahren mehr über die Lebensbedingungen von Kindern. Sie werden neue Ansatzpunkte für die pädagogische Arbeit entdecken und können so besser auf eine Übereinstimmung der Erziehung in Elternhaus und Kindergarten hinarbeiten.

Es soll hier aber nicht verschwiegen werden, daß der Anfang solch vielseitiger und nach außen offener Arbeit nicht leicht ist. Für manchen Erzieher mögen solche Arbeitsansätze zunächst bedrohlich aussehen, denn erste Kontaktaufnahmen erfordern Mut und Initiative. Leider ist festzustellen, daß die bisherige Praxis und auch die Ausbildung derartige Qualifikationen im Erzieherberuf kaum vorangebracht, wenn nicht gar behindert haben.
– Welche Rolle kann der Erzieher gegenüber Eltern einnehmen?
– Wie fängt man intensivere Elternarbeit an?
– Wie kann man Lernprozesse von Kindern und Erwachsenen gestalten, in denen beide etwas lernen und die Erwachsenen ihre belehrende Rolle aufgeben?

– Wie bekommt man Kontakte zu Personen und Institutionen außerhalb der Einrichtung?

4.2 Mitwirkung von Eltern

Solange im Kindergarten Zurückhaltung und Unsicherheit gegenüber Eltern bestehen, solange nur gelegentliche Einzelkontakte und selten Elternabende vorkommen, wird kaum eine Zusammenarbeit mit Eltern gelingen. Genauso wird es zu Kooperationsansätzen kommen, wenn Erzieher gegenüber den Eltern allzu selbstbewußt auftreten und ihre Aufgabe mehr in der „Elternbearbeitung" als in der gemeinsamen Arbeit mit ihnen sehen. Vielmehr wäre für die Zusammenarbeit ein gelockertes, eher persönliches als formales Verhältnis zwischen Eltern und Erziehern notwendig, eine Beziehung also, in der die gemeinsame Aufgabe der Kindererziehung von Betroffenen mit unterschiedlichen Erfahrungsfeldern zur Grundlage gemacht wird und von der beide Seiten gemeinsam profitieren. Wie lassen sich nun die verschiedenen Erfahrungsfelder von Erziehern und Eltern beschreiben?

Man muß klar sehen, daß es Unterschiede zwischen der Rolle der „Eltern" und der Rolle der „Erzieher" gibt; werden sie nicht beachtet, kann es zu Mißverständnissen kommen. Die Eltern haben eine umfassende Erziehungsaufgabe, die ihnen niemand abnehmen kann. Sie tragen nicht nur die Verantwortung für die Erziehung zum gegenwärtigen Zeitpunkt, sondern haben eine längerfristige Anforderung vor sich, bei der auch die spätere schulische und berufliche Entwicklung ihres Kindes eine Rolle spielt. Gleichzeitig gehören die Kinder für die Eltern zum privaten Alltag. Die Kinder sind ständiger Bestandteil ihres Lebens. Aber die Rolle der „Eltern" ist nur eine von vielen. Der Vater hat neben dieser Aufgabe in der Familie noch viele andere im privaten wie im beruflichen Bereich. Auch für die Mutter gibt es noch andere Anforderungen als die aus der Mutterrolle resultierenden. Das bedeutet also, Eltern können nicht immer und ausschließlich pädagogisch denken und handeln, sollten es vielleicht auch gar nicht, weil die Tatsache, daß sie Eltern sind, nicht ihr ganzes Leben bestimmt. Allerdings wäre zu überlegen, wie die verschiedenen Anforderungen, unter denen viele Eltern leiden, so miteinander vereinbart werden können, daß ein Interessenausgleich zwischen Eltern und Kindern möglich wird.

Die Rolle des Erziehers sieht dagegen ganz anders aus. Für ihn ist die Erziehung der Kinder ein Beruf, für den er ausgebildet wurde, für den er eine festgelegte Arbeitszeit zur Verfügung hat und für den er bezahlt wird. Die Erziehung der Kinder ist im Berufsleben des Erziehers Hauptgegenstand. Seine Erfahrungsmöglichkeiten sind aber im Vergleich mit den Eltern dadurch geprägt, daß er die Kinder nur zeitlich begrenzt erlebt. Die Arbeit mit den Kindern ist auf bestimmte Stunden des Tages beschränkt, und auch die Verantwortung gegenüber den Kindern ist allein auf die Lebensphase bezogen, die das Kind im Kindergarten verbringt. Der Erzieher kann sich also – anders als die Eltern – langfristig auf die Erziehungsfragen dieser Lebensphase konzentrieren.

Aus diesen rollenbedingt unterschiedlichen Erfahrungsfeldern von Erziehern und Eltern können sich Mißverständnisse und Vorwürfe ergeben, die bei einer genaueren Untersuchung der Situation nicht nötig wären:

– Erzieher behaupten, Eltern hätten wenig Verständnis für ihre Kinder.
– Welche Eltern sind gemeint? Warum haben manche Eltern anscheinend wenig Verständnis für ihre Kinder? Kennen die Erzieher deren Lebenssituation? Deren Arbeitswelt? Deren Probleme und Sorgen, die so belastend sein können, daß sie mit der Aufgabe der Kindererziehung in Konflikt geraten?
– Bevor ein solches Urteil gefällt wird, muß also versucht werden, mehr vom Leben dieser Eltern zu verstehen. Vielleicht werden dann auch Ansatzpunkte für eine Zusammenarbeit und für ein pädagogisches Gespräch sichtbar.

Erzieher behaupten, Eltern achten nur auf die intellektuelle Förderung der Kinder, die Gesamtentwicklung der Kinder würde sie nicht interessieren. Auch hier die Frage, welche Eltern gemeint sind. Warum ist für solche Eltern die Leistung des Kindes in diesem Bereich so wichtig? Warum verstehen sie die umfassenderen Erziehungsansätze des Kindergartens so wenig? Werden diese vom Kindergarten genügend dargestellt? Wird darüber mit den Eltern gesprochen?
– Eltern sagen, die Erzieher haben gut reden. Die sollten erst einmal selber Kinder haben, um zu wissen, welche Schwierigkeiten dann auftreten. Können wirklich nur solche Erzieher mitreden, die selber Kinder haben? Sind Erzieher also Ersatzeltern? Oder haben Erzieher einen Zugang zur Kindererziehung, der sich gerade von dem der

Eltern unterscheidet? Wie kann das vermittelt werden, damit zwischen Eltern und Erziehern kein Konkurrenzverhältnis, sondern Partnerschaft entsteht?

Eine Klärung dieser Situation ist unbedingt nötig, wenn Vorbehalte wie die in den Beispielen genannten laut werden. Erzieher und Eltern müssen sich als gleichberechtigte Partner mit unterschiedlichen Möglichkeiten und Erziehungsaufgaben verstehen. Erst dann wird eine fruchtbare Diskussion entstehen. Sie ist die Voraussetzung für eine Elternmitwirkung, die für beide Seiten entlastend werden kann.

In diesem Rahmen kann auf das Thema Elternmitwirkung nicht erschöpfend eingegangen werden. Deshalb nur einige Beispiele, die zeigen, wie sich die Mitwirkung von Eltern in der Praxis durchführen läßt. (Für eine eingehende Vorbereitung auf Elternarbeit eignet sich das Handbuch von Barbara Schmitt-Wenkebach „Kindergarten und Elternarbeit", Hannover 1976.)

Manche Erzieher erschweren sich selbst – ohne es zu wissen – Möglichkeiten zur Mitwirkung von Eltern. Obwohl sie prinzipiell einen engen Kontakt zu den Eltern wünschen, gelingt er ihnen in konkreten Arbeitszusammenhängen nicht. Häufig werden dafür die Eltern verantwortlich gemacht. Auch der Elternbeirat als gewählte Elternvertretung wird oft mit Argwohn oder massiven Vorbehalten betrachtet. Dies um so mehr, als im Elternbeirat meist die aktiveren und einflußreicheren Eltern anzutreffen sind – Eltern, denen sich manche Erzieher nicht gewachsen fühlen.

So problematisch in einzelnen Fällen der Umgang mit Eltern sein mag, eine große Barriere ist zunächst die reservierte Haltung der Erzieher gegenüber den Eltern. Wie kann sich das konkret äußern?

In einem Kindergarten stellten die Erzieher fest, daß ein großer Teil der Eltern die von den Kindern heimgebrachten selbstgemachten Bilder und Bastelarbeiten achtlos in den Mülleimer warfen. Kinder waren enttäuscht, Erzieher waren entsetzt. Sie beschlossen, dieser Situation dadurch zu begegnen, daß alle Arbeiten der Kinder im Kindergarten aufbewahrt wurden und nichts mehr mit nach Hause gegeben wurde.

Warum entscheiden sich die Erzieher so? Fühlen sie sich als Verfechter der Belange von Kindern gegenüber den

Eltern? – In Wirklichkeit werden hier Barrieren voller Ressentiments aufgebaut: „Weil die Eltern sich falsch verhalten, schirmen wir das, was im Kindergarten geschieht, gegen außen ab." Wem nützt diese Entscheidung? Einzelnen Kindern werden kurzfristig Enttäuschungen erspart; ihnen, den Eltern und den Erziehern dafür aber auch Möglichkeiten entzogen, aus solchen Vorfällen zu lernen. Wäre es statt dessen nicht sinnvoller gewesen, die Eltern anzusprechen und von den Arbeiten im Kindergarten und dem, was sie für die Kinder bedeuten, zu berichten? Hätte es nicht andere Möglichkeiten gegeben, über das, was im Kindergarten geschieht, aufzuklären? Wäre es nicht weitsichtiger gewesen, den Eltern eine Chance zu geben, sich für die Tätigkeiten ihrer Kinder mehr zu interessieren? Hätten auf der anderen Seite vielleicht auch die Erzieher verstehen können, warum einige Eltern mit den Bildern ihrer Kinder nichts anfangen konnten? Sind sie vielleicht so überlastet, daß sie nicht auf die Arbeitsprodukte ihres Kindes achten können? Oder werden die Familien mit Bastelarbeiten des Kindergartens so überflutet, daß es ihnen nicht mehr auf jede einzelne Arbeit ankommt? – Ein anderes Beispiel:

Die Erzieher eines Kindergartens, der seinen Einzugsbereich in einem Wohnviertel mit hohem Akademikeranteil hat, beschweren sich darüber daß sie die Eltern für die Belange des Kindergartens kaum gewinnen können. „Die sind sich zu gut, um bei uns hereinzuschauen."
„Die interessieren sich nur für die Schule, wo es Noten gibt."
„Wenn man sie anspricht, wissen sie alles besser."
Die Konsequenz aus diesem Verhalten ist, daß zu den seltenen Elternabenden grundsätzlich Referenten eingeladen werden, die über ein Thema vortragen und die Diskussion leiten.

Weil die Erzieher sich von den Eltern nicht ernstgenommen fühlen, sind sie sich unsicher, was sie den Eltern bieten sollen. Sie überspielen ihr Problem, indem sie Referenten einladen. Aber letztlich werden dadurch die Schwierigkeiten nicht gelöst, denn auf diese Weise dokumentieren die Erzieher, daß sie selbst nichts zu sagen haben. Warum versuchen sie dagegen nicht, selbst das Gespräch mit den Eltern aufzunehmen? Wie kann sich nun der Kindergarten für die Eltern öffnen? Wie können Eltern auch in die pädagogische Arbeit einbezogen werden? An einzelnen Beispielen sollen Ansatzpunkte erläutert werden:

Eltern arbeiten im Kindergarten mit

Einzelne Eltern – Mütter und Väter – können je nach ihren zeitlichen Möglichkeiten an Aktivitäten des Kindergartens teilnehmen. Ein Spiel, bei dem Kinder lernen, sich in fremder Umgebung zurechtzufinden, ist spannend und kann auch Eltern interessieren: Schließlich wären auch sie recht hilflos, wenn sich ihr Kind irgendwo verlaufen würde. Auch ein normaler Tagesablauf kann für Eltern anregend sein: Wie verhält sich das eigene Kind in der Gruppe? Was wird im Kindergarten gemacht? Manche Eltern können den Kindern Wissenswertes vermitteln: die Krankenschwester spielt mit ihnen Krankenhaus; ein Schreiner richtet mit den Kindern eine Werkbank ein; eine Mutter, die ein Baby hat, kann man besuchen oder mitsamt dem Baby in den Kindergarten einladen; Gastarbeitereltern können von ihrer Heimat erzählen. Bei größeren Ausflügen ist der Kindergarten geradezu darauf angewiesen, daß einige Eltern mitmachen. Ähnlich ist es bei der Arbeit in Kleingruppen, wenn nur ein Erzieher in der Gruppe ist: Kann man einzelne Eltern zur Mitarbeit gewinnen, dann wird eine Aufteilung der Gruppe in mehrere Untergruppen mit besonderem Angebot wenigstens zeitweise erleichtert.

Eltern beteiligen sich bei Entscheidungen zur pädagogischen Arbeit

Eltern können in konstruktiver Weise an der Planung der Kindergartenarbeit teilnehmen. Sie können zusätzliche Aspekte zu Lebenssituationen der Kinder einbringen und selbst Vorschläge für pädagogische Aktivitäten machen.

In einem Kindergarten ging es um die Anschaffung von geeigneten Büchern für Kinder, die über die Vorgänge Zeugung, Schwangerschaft und Geburt informieren sollten. Die Erzieher vermuteten, daß eine von ihnen alleine getroffene Entscheidung bei diesem heiklen Thema zu Unzufriedenheit führen könnte. Sie besorgten sich daher eine größere Auswahl von entsprechenden Büchern und stellten sie für die Eltern aus. Dann wurden einzelne Bücher gemeinsam mit den Eltern durchgegangen, um eine endgültige Auswahl zu treffen. Bei dieser Gelegenheit konnten die Erzieher einige wichtige Beobachtungen aus der Kindergartenpraxis zur Sexualerziehung an die Eltern vermitteln und neue Denkprozesse auslösen.

Die Beteiligung von Eltern an der Planung kann auch Auswirkungen auf die Arbeitssituation der Erzieher haben, vorausgesetzt, Erzieher und Eltern gelangen zu einer sachlichen Verständigung über ihre Interessen.

In einem Kindergarten waren die Erzieher der Meinung, daß andere Öffnungszeiten des Kindergartens sowohl den Arbeitsbedingungen der Eltern (viele Mütter, die bis zum frühen Nachmittag berufstätig waren) wie auch der Qualität der pädagogischen Arbeit entgegenkämen. Sie legten den Eltern ihre Überlegungen und Vorschläge vor. Von da an wurden die Vorschläge sehr heftig von den Eltern diskutiert und schließlich auch zustandegekommene Entscheidungen von den Eltern mit vertreten und getragen.

Eltern helfen bei der Gestaltung und Einrichtung des Kindergartens

Wenn Kindergartenräume verändert oder neu eingerichtet werden, wenn der Spielplatz verbessert werden soll, können oft solche Eltern aktiviert werden, zu denen sonst kaum Zugang zu finden ist. Väter, die den üblichen Elternabend für Frauensache halten, stellen vielleicht gerne ihre Erfahrung und ihr handwerkliches Geschick zur Verfügung. Eltern, die sich bei Diskussionen schwer tun, zeigen vielleicht ihr Interesse am Kindergarten lieber durch ihre Mitarbeit am praktischen Geschehen (z. B. durch Teilnahme an einem Ausflug). Bei der Einrichtung des Gruppenraums können manche Eltern für sie unbrauchbare Gegenstände zur Verfügung stellen. Damit wird der Gruppenraum persönlicher, und die Eltern bekommen einen unmittelbaren Bezug zu dieser Umgebung ihres Kindes.

4.3 Kontakte zu anderen Institutionen in der Umgebung

Kontakte mit anderen Einrichtungen können sehr sinnvoll sein, sie können den Kindern Einblicke in wichtige Lebensbereiche vermitteln und den Umgang mit anderen Menschen anbahnen und erleichtern. Zu denken wäre hier etwa an Kontakte zur Grundschule, zum Altersheim, Krankenhaus oder zu Behinderteneinrichtungen. Erzieher im Kindergarten können auch dazu beitragen, daß Eltern der Zugang zu Institutionen erleichtert wird, denen viele noch immer mit Mißtrauen begegnen, etwa zum Jugendamt oder zur Erziehungsberatung. Kontakte können schließlich dem Austausch zwischen Theorie und Praxis dienen, beispielsweise Gespräche mit Vertretern von Fachschulen, von denen Erzieher, Fachschullehrer und Praktikanten gleichermaßen profitieren können.

Bei Kontakten zu anderen Einrichtungen muß überlegt werden, welche Interessen beide Seiten an der Kooperation haben können und wie diesen Interessen Rechnung getragen werden kann. So braucht beispielsweise nicht nur der Kindergarten daran interessiert zu sein, daß Kinder das Altersheim kennenlernen, auch für die Menschen im Altersheim könnte die Verbindung zum Kindergarten ein Weg sein, die drohende Vereinsamung aufzubrechen.

Dann dürfte der Besuch im Altersheim allerdings keine einmalige Unternehmung bleiben, vielmehr müßten andauernde Kontakte gepflegt werden. Ähnliche Voraussetzungen gelten für eine Kooperation mit der Grundschule. Sie wird dann befriedigender verlaufen, wenn nicht nur die Erzieher, sondern auch die Vertreter der Schule die Möglichkeit sehen, durch Kontakte vor der Einschulung Übergangsschwierigkeiten der Kinder zu verringern. Wir halten diesen Aspekt – die kooperierenden Institutionen sind beide am Kontakt interessiert – deshalb für wichtig, weil nur dadurch längerfristige Kontakte zu erhalten sind. Denn müßten Erzieher immer wieder aus eigener Initiative stets neue Anknüpfungspunkte finden, würde dies bald ihre Arbeitskapazität übersteigen. (Dies gilt auch für die Anbahnung und Gestaltung der Zusammenarbeit mit den Eltern.)

Wie bekommt man nun Kontakt zu anderen Einrichtungen? Welche Einrichtungen kommen überhaupt in Betracht? Eine allgemeingültige Antwort läßt sich auf diese Frage nicht geben. Zunächst wird es immer darauf ankommen, welche Möglichkeiten im jeweiligen Umfeld des Kindergartens vorhanden sind. Welche Einrichtungen befinden sich in der Nähe? Über wen kann man zu den einzelnen Institutionen Kontakt bekommen? Außerdem ist zu überlegen, welche Einrichtungen in jedem Fall Kontaktpartner werden sollten (z. B. die Grundschule) und welche Einrichtungen entsprechend den spezifischen Bedingungen des Einzugsgebietes angesprochen werden sollten (z. B. ein Jugendfreizeitheim im selben Stadtviertel).

Einrichtungen, deren Kennenlernen für alle Kinder wichtig ist und in denen Kontakte mit den dort lebenden oder arbeitenden Menschen notwendige Erfahrungen vermitteln können, sind Schule, Krankenhaus, Altersheim, eventuell auch Stadtverwaltung, Feuerwehr, Polizei, ein Kaufhaus (einmal nicht aus der Sicht des Konsumenten betrachtet) usw. Unter bestimmten Bedingungen können weitere Stellen bedeutsam sein: Gibt es beispielsweise Gastarbeiterkinder in der Gruppe, kann man Kontakt zu Gemeinwesenprojekten aufnehmen, die sich mit Gastarbeiterproblemen beschäftigen. Ist die Mutter oder der Vater eines Kindes in der Post beschäftigt, könnten die Kinder erfahren, wie dort gearbeitet wird und was mit Briefen und Paketen geschieht. Auch der Laden um die Ecke kann für die Kinder, z. B. beim Einkauf von Zutaten für den Geburtstagskuchen, ein in der Gruppe neu zu erschließendes Lernfeld sein. Wenn es in der Umgebung eine Einrichtung für behinderte Kinder gibt, sollte überlegt werden, ob nicht gemeinsame Aktionen von Kindern beider Einrichtungen sinnvoll sein könnten.

4.4 Kindergarten als Kommunikationszentrum

Es mag auf Anhieb anspruchsvoll klingen, aber der Kindergarten kann tatsächlich zum Kommunikationszentrum für Menschen jeden Alters im Stadtviertel werden. Vom Kindergarten kann zwar nicht erwartet werden, daß er ständig Aufgaben der Gemeinwesenarbeit übernimmt, aber Kontakte, die im Zusammenhang mit den pädagogischen Unternehmungen des Kindergartens entstehen, können für außenstehende Personen und Einrichtungen Anstoß sein, diese auszuweiten und zu intensivieren. Ansätze zur Öffnung des Kindergartens sind bereits in vielen Einrichtungen zu finden, sie sollten aber überprüft werden, wie weit sie im einzelnen sinnvoll sind: Was haben die Kinder davon? Bedeuten solche Initiativen für die Erzieher nur eine Mehrarbeit oder gibt es Auswirkungen auf die Alltagsarbeit? Sind die Kontaktangebote aufwendige und einmalige Veranstaltungen, bei denen sich Besucher mehr als Gäste statt als Mitwirkende fühlen, oder finden sie Möglichkeiten, eigene Impulse, Kontakte und Aktivitäten untereinander einzubringen und weiterzuführen? – Bei allen diesen Überlegungen sollte aber immer wieder bedacht werden: Der Kindergarten kann nicht für alle Altersstufen in der Gemeinde Vergnügungs- und Bildungsveranstaltungen anbieten und durchführen. Er kann nur Raum und Gelegenheit anbieten und Anstöße geben, danach hängt es von allen Anwesenden ab, was im einzelnen verabredet und geschehen wird. Wenn ein Kindergarten-Team Eltern, Nachbarn, Lehrer und andere Personen für derartige Veranstaltungen interessieren will, wird für sie solange Mehrarbeit notwendig sein, bis tragfähige Kontakte entstanden sind. Nach Überwindung der Anfangsschwierigkeiten sollten die Treffen und gemeinsamen Vorhaben jedoch nicht mehr nur von Erziehern initiiert und vorbereitet werden.

Im folgenden als Anregungen einige Beispiele für Unternehmungen, die in Kindergärten stattfinden können:

Tage der offenen Tür: Einige Kindergärten bieten in regelmäßigen Abständen einen Informationstag für alle Interessierten an. Solch ein offener Tag muß gründlich vorbereitet werden. Bei der Bekanntmachung und Werbekampagne vor dem festgesetzten Termin können die Kinder sehr viel mithelfen: sie können Werbeplakate anfertigen und an wichtigen Stellen im Ort anbringen; sie können

Verwandte und Bekannte aufmerksam machen. Das Team muß sich überlegen, wie Außenstehenden die Arbeit des Kindergartens möglichst verständlich vermittelt werden kann. Den Besuchern sollten aktive Beschäftigungen geboten werden: z. B. Spiele für Kinder in einem Toberaum, den es zu Hause – aus verständlichen Gründen – nie geben kann; Leseecken für Erwachsene und Schulkinder, in denen Bilderbücher und pädagogische Literatur bereitliegen; eine Spielecke für Erwachsene, in der das längst verlernte Spielen geübt werden kann. Für die Erzieher bringt so ein Tag zusätzliche Arbeit, vielleicht aber auch Befriedigung und die Anerkennung des Trägers über das Interesse der Öffentlichkeit. Sicher bringt er auch neue Ansprechpartner für Projekte mit Kindern.

Straßenfest: In einem Ort veranstaltete eine Bürgerinitiative ein Straßenfest für die Bevölkerung. Der an dieser Straße gelegene Kindergarten schloß sich dem Vorhaben an: Für die Kinder wurde ein Kostümfest veranstaltet, für das vorher viele alte Kleider und Schminkutensilien gesammelt wurden. Alle Kinder – von den Kindern des Kindergartens hilfreich unterstützt – kostümierten sich, malten sich phantasievoll an und führten unter reger Beteiligung des Straßenpublikums eine Modenschau vor. Ein Straßenfest könnte natürlich auch vom Kindergarten allein veranstaltet werden. Dazu wäre dann aber die Mitarbeit von Eltern und Nachbarn erforderlich.

Spielzeugausstellung: In einem Kindergarten wurde vor Weihnachten für Interessierte eine Ausstellung über geeignetes Spielzeug vorbereitet. Im Rahmen dieser Ausstellung organisierten Eltern einen Treffpunkt, wo gebrauchtes Spielzeug ausgetauscht oder verkauft werden konnte. Auf diese Weise konnte manches Gerät, das sonst nutzlos auf dem Speicher gestanden hätte, weiterverwendet werden. Die Eltern waren von der Aktion so angetan, daß sie eine Wiederholung im darauffolgenden Jahr beschlossen.

Flohmarkt: Ähnliche Aktionen wurden in einem anderen Kindergarten durchgeführt, z. B. Flohmärkte, wo vor allem die Kinder mit großem Eifer gebrauchte Gegenstände zu verkaufen suchten, während die Eltern zu klein gewordene Kleidungsstücke ihrer Kinder verkaufen und ebenso günstig nur wenig getragene Kleidungsstücke anderer Kinder erwerben konnten.

Abhol- und Bringdienst: Eine wenig aufwendige und sehr nützliche Absprache haben Eltern und Erzieher eines Kindergartens mit relativ großem Einzugsbereich getroffen. Als bei einem Elternabend mehrere Eltern von neuen Kindern anwesend waren, informierten sich diese darüber, ob andere Eltern in ihrer Nähe wohnen. Bei dieser Gelegenheit fiel auf, daß täglich viele Väter oder Mütter den gleichen weiten Weg zum Bringen und Abholen ihrer Kinder zurücklegen müssen. Gemeinsam überlegten sie, ob man sich nicht zusammentun und abwechseln könnte. Inzwischen gibt es einen gut funktionierenden „Fahrplan", von dem viele Eltern profitieren. Durch diesen Abhol- und Bringdienst entstanden manche Freundschaften zwischen einzelnen Familien, es wurden gemeinsame Wochenend- und Ferienfreizeiten – ganz unabhängig vom Kindergarten – geplant und durchgeführt.

Spielnachmittage für Eltern: In einem Kindergarten werden regelmäßig Spielnachmittage für Eltern und Kinder angeboten. An solchen Nachmittagen, an denen die meisten Kinder nicht im Kindergarten sind, kommen Eltern, die neben Kindergartenkindern auch andere Kleinkinder und jüngere Schulkinder mitbringen können. Es werden gemeinsame Spiele durchgeführt, und für einzelne Mütter oder Väter ergibt sich dabei die Chance für ein längeres Gespräch mit der Erzieherin, während die eigenen Kinder in der Gruppe spielen.

Baby-Sitter-Dienst: In dem Kindergarten, der Spielnachmittage für Eltern und Kinder anbietet, haben sich Eltern einen Baby-Sitter-Dienst organisiert, weil sie festgestellt hatten, daß jeder von Zeit zu Zeit mal die Gelegenheit braucht, ohne Kinder Besorgungen zu machen oder einfach zu entspannen. Sie waren auch der Meinung, daß es keine große Mühe mache, zeitweise andere Kinder zusammen mit den eigenen zu betreuen. Es fehlte ihnen nur bis dahin die Möglichkeit, sich entsprechend zu verständigen. Unter der Regie einiger Mütter wurde ein Schwarzes Brett im Kindergarten eingerichtet, auf dem von da an die Eltern jeweils für einen Monat bekanntgeben, wann sie andere Kinder mitbetreuen können und wann sie ihre eigenen Kinder in andere Familien geben wollen. Nach Berichten von Erziehern läuft dieser Austausch zur Zufriedenheit von Eltern und Kindern.

Gesprächsnachmittage für Mütter: In einem anderen Ort schlossen sich einige Mütter zu einem Gesprächskreis zusammen, den sie regelmäßig nachmittags im Kindergarten abhalten. Manchmal werden auch Erzieher zu den Gesprächen eingeladen.

Interessengruppen im Kindergarten: Eltern und andere Interessierte können sich zu Arbeitsgruppen im Kindergarten treffen. Dabei muß das inhaltliche Angebot nicht allein von den Erziehern kommen: In einem Kindergarten veranstalteten beispielsweise Eltern einen Ikebana-Kurs. Die Anregung und die Betreuung des mehrmals stattfindenden Kurses, an dem auch einige Erzieher teilnahmen, ging von einer Mutter aus.

Die Reihe der Beispiele könnte noch erweitert werden. Immer geht es darum, im Interesse von Kindern, Eltern und Erziehern ein breiteres Erfahrungsnetz zu schaffen, als es mit der Betreuung der Kinder hinter verschlossenen Türen möglich wäre. Ziel ist es, die Erziehung der Kinder etwas mehr in das Alltagsleben der Erwachsenen zurückzuführen, sie mitlernen zu lassen anstatt sie auszuschließen.

Bezogen auf die Eltern hat eine so verbreiterte Kindergartenarbeit erfahrungsgemäß folgende Konsequenz: Der Kindergarten wird „ihr“ Kindergarten. Das Interesse und der persönliche Bezug werden größer. Der Wunsch nach Mitwirkung wächst. Der Kindergarten wird zusätzlich attraktiver, weil er sich im Gemeinwesen bemerkbar macht. Es ergeben sich also mehr alltägliche Kontakte, es entsteht mehr zwanglose Kommunikation zwischen Elternhaus und Kindergarten, zwischen Kindergarten und anderen Personen und Einrichtungen. Der Kindergarten wird zum Lernort, auch für Erwachsene.

Aber hier muß genauso wie in den zurückliegenden Abschnitten abschließend darauf hingewiesen werden, daß eine derartige – für Kinder und Erwachsene – sinnvolle Arbeitsweise Arbeitsbedingungen erfordert, wie sie in vielen Einrichtungen noch nicht erreicht sind. Kinderfreie Zeit innerhalb der Dienstzeit für Vorbereitung, Team- und Elternarbeit muß zumeist erst geschaffen werden. Auch die Aus- und Fortbildung muß auf die wachsenden Anforderungen an die Erzieher stärker eingehen. Unsere Erfahrungen haben gezeigt, daß sich regionale Träger und Elterngruppen durch veränderte Arbeitsansätze überzeugen lassen und dann Forderungen nach günstigeren Arbeitsbedingungen eher unterstützen. Genauso wichtig ist eine aktiv betriebene Öffentlichkeitsarbeit des Kindergartens, denn für die berufspolitischen Interessen der Erzieher ist, neben dem Engagement in Berufsverbänden, auch die Darstellung ihrer Arbeit in der breiteren Öffentlichkeit von nicht zu unterschätzender Bedeutung.

5 Zur Arbeitsorganisation im Kindergarten

5.1 Arbeitszeitregelungen der Erzieher und Öffnungszeit der Einrichtung

Wenn wir Fragen der inhaltlichen Planung mit Erziehern diskutiert haben, kamen wir häufig auf das Problem, daß die meisten Erzieher zwar qualifizierte Arbeit leisten wollen, dies aber oft aufgrund der ungünstigen Arbeitsbedingungen in ihren Einrichtungen nicht können.

Wir halten Überlegungen zur Arbeitsorganisation und zur Gestaltung der Arbeitsbedingungen nicht für unwichtig. Wir meinen auch nicht, daß diese Überlegungen – wie manchmal in Diskussionen geäußert – von den „eigentlichen" pädagogischen Feststellungen abhalten oder ablenken. Es scheint uns sehr wichtig zu sein, daß die Verbesserung der Kindergartenarbeit nicht kurzsichtig nur auf Kosten der dort tätigen Erzieher angestrebt wird. Ein Erzieher, der den größten Teil seiner Freizeit für den Kindergarten opfert, kann kaum Leitbild für das Selbstverständnis einer Berufsgruppe sein. Die Arbeit im Kindergarten ist für den Erzieher eine berufliche Tätigkeit, neben der – wie auch bei anderen Berufen – noch Privatleben Platz haben muß. Selbst wenn die Arbeit im Kindergarten für die Mitarbeiter ein besonderes Verantwortungsgefühl mit sich bringt, weil es um die Erziehung von Kindern geht, darf nicht vergessen werden, daß der Erzieherberuf ein Beruf wie jeder andere und der Erzieher ein Arbeitnehmer wie jeder andere auch ist. Für den Erzieher ist es ebenso wichtig, sich um die Belange seiner Berufsgruppe und um die Bedingungen seiner Arbeitssituation zu bemühen, wie eine qualifizierte pädagogische Arbeit zu leisten. Dieses Verständnis ist für viele Erzieher noch längst nicht selbstverständlich. Oft hört man, daß sich Gedanken über Arbeitsbedingungen nicht mit dem Ethos eines sozialen Berufs vertragen. So äußerten beispielsweise einige Erzieher:

„Aber die Kindergärtnerin ist eigentlich doch selbst für ihre Arbeitssituation verantwortlich. Wir müßten doch endlich Kontakt aufnehmen, uns zusammenschließen, mehr Selbstvertrauen entwickeln und uns um die Verbesserung unserer Situation aktiv bemühen."
„Das ist leichter gesagt als getan. Man muß sehen, was wir im Seminar gelernt haben: Aufgaben erfüllen, sich für fünf Minuten Verspätung entschuldigen . . . Widerspruch gab's überhaupt nicht. Und dann in der Praxis: Wie häufig hat man zuerst eine autoritäre Leitung gehabt, bei der erst recht nichts zu denken und zu sagen war."

„Und außerdem hat man uns immer wieder eingeprägt: Ihr habt einen sozialen Beruf! Da kann man doch nicht protestieren oder gar von Bezahlung reden. Das ist direkt unanständig, man zeigt, daß man nicht die rechte soziale Einstellung hat . . ."
„Mir ist 1970 im Seminar doch folgendes passiert: Ich habe nach der theoretischen Prüfung in einer Fragestunde gewagt zu fragen, was eine Erzieherin denn so verdient. Man fragte mich gleich, ob ich den richtigen Beruf gewählt hätte, wenn das für mich wichtig sei."
„Ja, ja, sozialer Beruf, das heißt, man macht alles nur aus Liebe und Güte. Und dann wird man ausgenützt."

Unserer Erfahrung nach können Erzieher, die sich aktiv um eine Verbesserung ihrer Arbeitsbedingungen bemühen, durchaus sehr gute pädagogische Arbeit leisten. Warum sollte auch das eine das andere ausschließen? Denn gerade diejenigen, die ihre pädagogische Arbeit kritisch überprüfen und neu durchdenken, stoßen immer wieder auf Fragen und Probleme ihrer Arbeitssituation. Erst wenn solche Fragen durchdacht worden sind, können organisatorische Änderungen versucht werden, die sowohl die Arbeit der Erzieher wie die Möglichkeiten der Kinder günstig zu beeinflussen vermögen.

Manche Erzieher bleiben bei der Erkenntnis stehen, daß die Arbeitsbedingungen in der Einrichtung ungünstig sind. Sie sind unzufrieden, beklagen sich, resignieren, ohne die Probleme zu artikulieren und zu analysieren. Dieses Ohnmachtsgefühl überträgt sich dann auf die Arbeit mit den Kindern – es gibt kaum noch Erfolgserlebnisse und die Arbeit wird zunehmend unbefriedigender. Erziehern mit einer derartigen Einstellung muß bewußt werden, daß von allein oder von Außenstehenden keine sinnvolle Regelung kommen kann. Erfolgversprechender ist es, selbst Ansätze zu suchen und sie in kleinen Schritten zu realisieren. Ein erster Schritt wäre die Bemühung um genügend Vorbereitungszeit.

Die Arbeitszeit (derzeit nach Arbeitsvertragsrichtlinien 40 Stunden in der Woche) sollte neben der Arbeit mit Kindern ausreichend Zeit für die Vor- und Nachbereitung, für die Vorbereitung von Material und Gruppenraum, für Teambesprechung und für Elternarbeit gewährleisten. Während im Schulbereich genau festgelegt ist, welcher Teil der Arbeitszeit durch Unterricht auszufüllen ist, gibt es im Kindergartenbereich keine entsprechende arbeitsrechtliche oder tarifliche Bestimmung. In einigen Bundesländern legen inzwischen aber Kindergartengesetze Regelungen für die Arbeit im Kindergarten fest (vgl. Simon 1974). Wo zusätzlich ergänzende Richtlinien und Durchführungsbestimmungen erarbeitet wurden, gibt es verbindliche Aufgaben zur Vorbereitungszeit innerhalb der Dienstzeit. Es empfiehlt sich, genaue Informationen über den Stand im eigenen Bundesland einzuholen. Auch in Trägerverbänden werden entsprechende Regelungen diskutiert. Nach den derzeit in der Diskussion stehenden (und in wenigen Bundesländern schon verbindlichen) Richtwerten sollte die Zeit, die der Erzieher wöchentlich für die Arbeit mit Kindern aufwendet, höchstens 30 Stunden betragen. Die restlichen 10 Stunden sollten für die anderen genannten Tätigkeiten zur Verfügung stehen.

In Einrichtungen, in denen Kinder ganztags betreut werden, ist es sehr schwierig, genügend Vorbereitungszeit für die Mitarbeiter zu finden. Hier sind Dienstpläne mit flexiblem Einsatzplan (unterschiedliche Anfangs- und Schlußzeiten) erforderlich. Überschneidungszeiten für Mitarbeiter in einer Gruppe sind dabei unerläßlich, denn nur eine zeitweise Doppelbesetzung wäre die Voraussetzung für die kontinuierliche pädagogische Arbeit, bei der eine Abstimmung über die gemeinsame Planung und über das besondere Vorgehen mit einzelnen Kindern möglich ist. In Einrichtungen, in denen die Kinder vormittags und nachmittags einige Stunden betreut werden, können in Abstimmung zwischen Erziehern, Trägern und Eltern die Öffnungszeiten des Kindergartens überprüft und eventuell neu geregelt werden. Die Entscheidung für eine solche Neuregelung wird aber sicher einige Verhandlungen und Auseinandersetzungen nötig machen, denn zunächst ist zu erwarten, daß der örtliche Träger wie auch die Eltern für möglichst lange Öffnungszeiten der Einrichtung plädieren.

Für die Planung einer Neuregelung der Öffnungszeiten sollten sich die Erzieher folgende Fragen stellen:

– Welche Berufe haben die Eltern des Einzugsgebietes? Welche Arbeitszeiten haben Eltern, die berufstätig sind? Wie liegen die Arbeitszeiten der alleinstehenden Väter und Mütter? Wieviele Kinder sind aufgrund der Arbeitszeiten ihrer Eltern auf sehr lange Öffnungszeiten angewiesen?

– Gibt es Kinder, die besonders betreut werden müssen (z. B. Gastarbeiterkinder, Kinder aus Obdachlosengebieten)?

– Wie groß sind die Entfernungen und wie günstig die Fahrgelegenheiten für Eltern und Kinder zum Kindergarten?

– Ist es sinnvoll, unterschiedliche Öffnungszeiten für Sommer und Winter einzurichten?

– Zu welchen Tageszeiten sind viele Kinder anwesend, zu welchen Tageszeiten sind meistens nur wenige Kinder anwesend?
– Ist es sinnvoll, die Kinder an zwei Nachmittagen in der Woche in einer oder zwei Gruppen zusammenzufassen, damit einige Mitarbeiter Vorbereitungszeit bekommen?
– Wie sind die Bedürfnisse der Kinder im Tagesablauf (Ruhebedürfnis, besondere Aktivität)?
– Wie sind die Bedürfnisse und Möglichkeiten der Erzieher (halbtags, ganztägig, besondere Arbeitsschwerpunkte)?
– Wie ist die Urlaubsregelung der Mitarbeiter?
– Welche Ferienzeiten hat die Einrichtung?

5.2 Arbeitsgestaltung in der Vorbereitungszeit

Der effektive Umgang mit der Vorbereitungszeit will gelernt sein. Oft sind Erzieher unsicher, wie diese Zeit sinnvoll genutzt werden kann. Gerade diejenigen, die schon länger in der Praxis stehen und es gewohnt sind, daß ihre Arbeitszeit ausschließlich für die Arbeit mit Kindern berechnet ist, haben es oft schwer, sich auf die notwendigen Vorbereitungs- und Planungsarbeiten umzustellen. Diese Situation ist bedenklich, weil dann der regionale Träger oder die Eltern auf die Idee kommen könnten, Vorbereitungszeiten seien gar nicht nötig. Diese Gefahr besteht besonders deshalb, weil Außenstehende noch kaum einschätzen können, was Erzieher außer der unmittelbaren pädagogischen Arbeit mit Kindern zu tun haben. Wer hat nicht schon erlebt, daß Nachbarn oder Eltern meinen, einige Erzieher würden oft nur herumstehen, miteinander plaudern, Kaffee trinken. Wie kann man dieser zumeist sehr ungerechten Fehleinschätzung entgehen?

Alle Arbeiten, die neben der Arbeit mit Kindern zu leisten sind, sollten sorgfältig eingeteilt und dokumentiert werden. Dann ist es eher möglich, Eltern und Träger regelmäßig über die Tätigkeiten in der Vorbereitungszeit und über deren Auswirkungen in der pädagogischen Arbeit zu informieren. Manchen Erziehern ist es freigestellt, ob sie die ihnen zustehende Vorbereitungszeit zu Hause oder in der Einrichtung verbringen. Unserer Meinung nach sollte diese Zeit, wenn irgend möglich, in der Einrichtung verbracht werden, weil es leichter ist, die Vorbereitungsarbeit zusammen mit Kollegen zu leisten. Gemeinsam läßt es sich leichter lernen, die Zeit effektiv zu gestalten.

– Vorbereitungs- und Planungsarbeit für die Arbeit mit Kindern (alleine, im Team, Materialvorbereitung);
– Mitarbeiterbesprechungen, Organisations- und Verwaltungsarbeiten;
– Gespräche mit einzelnen Eltern;
– Diskussionsrunden mit Eltern;
– Vorbereitung von Elternabenden;
– Zusammenarbeit mit Elternausschüssen und Trägern;
– Kontakte mit Personen außerhalb des Kindergartens, um den Erfahrungsraum für die Kinder zu erweitern.

Wenn man diese Auflistung der notwendigen Tätigkeiten betrachtet, die für einige Einrichtungen möglicherweise noch um weitere Posten ergänzt werden müßte, wird verständlich, warum auch dem Erzieher, der 10 und mehr Stunden in der Woche zur Verfügung hat, nicht genügend Zeit bleibt, jede Aufgabe gründlich und befriedigend zu leisten. – Hier bietet sich ein erster Ansatzpunkt für die Teamarbeit. Gemeinsam kann man sich eine sinnvolle Arbeitsteilung überlegen, bei der die verschiedenen Aufgabenschwerpunkte von einzelnen Kollegen übernommen werden:
– Kontakte mit Personen außerhalb der Einrichtung können von einzelnen eventuell zusammen mit Leitung und Trägern angebahnt werden.
– Erfahrungen zur Elternmitwirkung und zur Vorbereitung von Elternarbeit können ausgetauscht und unerfahrene Kollegen können unterstützt werden.
– Für die einzelnen Mitarbeiter können bei Sonderaufgaben in Absprache des gesamten Teams flexible interne Arbeitszeitregelungen gesucht werden. Manchmal ist es günstiger, wenn die Zeiten nicht wöchentlich genau eingehalten, sondern in größerem Zeitraum flexibel geplant werden.

Aus einem Kindergarten wurde berichtet, daß man die Arbeitszeit, die für eine intensive Elternarbeit aufgewendet wird, zu anderen Zeiten auszugleichen versucht. Nach Absprachen mit dem örtlichen Träger und dem Team haben einzelne Mitarbeiter die Möglichkeit, Überstunden durch freie Nachmittagsstunden, wenn nur wenige Kinder in der Einrichtung sind, auszugleichen. Ein anderer Kindergarten hatte als Ausgleich für Überstunden in der Zeit zwischen Weihnachten und Neujahr, in der nach bisherigen Erfahrungen nur wenige Kinder in die Einrichtung kamen, geschlossen.

In einer Einrichtung (Öffnungzeit: 7.30 Uhr – 13.00 Uhr) werden regelmäßig an zwei Nachmittagen in der Woche Eltern – auch mit

Kleinkindern – in den Kindergarten eingeladen. Die Eltern können dann in der Kindergartengruppe mitarbeiten, mit einzelnen Erziehern und auch miteinander sprechen, während ihre Kinder in Gruppen betreut werden, oder sie können gemeinsam mit ihren Kindern spielen. Dieses Angebot wurde von vielen Eltern begeistert aufgenommen. Den Erziehern kommt zugute, daß auf diese Weise sehr viel an wirksamer Elternarbeit geleistet wird und die Eltern durch ihre Mitwirkung auch Aktivitäten der Kinder ermöglichen, die ohne Eltern nicht möglich wären. An solchen Nachmittagen nutzen die Erzieher außerdem die Chance, zusammen mit den Eltern Vorbereitungen für die pädagogische Arbeit mit Kindern zu treffen. Sie erfahren, was Eltern und Kindern wichtig ist, sie können größere Projekte mit Eltern inner- und außerhalb des Kindergartens planen.

Einige Erzieher berichten, daß ihre Einrichtungen für Vorbereitungsarbeiten an einem Nachmittag im Monat geschlossen bleiben. Sie haben diesen Nachmittag mit einer Nachbareinrichtung abgesprochen und treffen sich abwechselnd mal in dem einen, mal in dem anderen Kindergarten. Bei diesen Treffen werden Erfahrungen ausgetauscht und Arbeiten gemeinsam geplant. Die Erzieher sind der Meinung, daß diese Zusammenarbeit die einzelnen anspornt und insgesamt viel ertragreicher ist, als wenn jede Einrichtung alleine arbeiten würde.

Diese Beispiele machen deutlich, daß es für den Erzieher notwendig ist, einen Teil seiner Arbeitszeit für andere Aufgaben als die der direkten Arbeit mit Kindern zu verwenden. Aber um solche Arbeitsformen zu verwirklichen und weiter auszubauen, müssen die Arbeitsbedingungen in den meisten Einrichtungen verbessert werden. Die Erfahrung hat gezeigt, daß diejenigen Erzieher, die die in ihren Einrichtungen vorgefundenen Arbeitsmöglichkeiten aktiv für sich zu nutzen verstehen, größere Chancen für konkrete Änderungen haben. So wird eine Neuregelung der Dienstpläne in Zusammenhang mit den Öffnungszeiten der Einrichtung Träger und Eltern eher einleuchten, wenn die Erzieher über ihre Arbeit berichten und konkrete Vorstellungen über die veränderten Zeitregelungen haben. Allerdings ist es nicht einfach, die Situation zu durchdenken, den fachlichen Standpunkt zu beschreiben und die eigenen Interessen zu artikulieren und durchzusetzen. Wie kann man das lernen?

Ein dafür wichtiges Übungsfeld ist das Mitarbeiterteam, in dem die verschiedenen Standpunkte ausgehandelt und Entscheidungen getroffen werden müssen. Darüber soll in den nächsten Abschnitten mehr gesagt werden. Ein weiteres Arbeitsfeld sind Arbeitsgemeinschaften und Kontakttreffen, die von den Erziehern direkt organisiert werden können oder die als regionale Fortbildungsangebote von einzelnen Trägerverbänden angeboten werden. Wieviel

Erzieher auf regionaler Ebene zu erreichen vermögen, hängt sicher auch vom ortsansässigen Träger ab. Inzwischen gibt es auch trägerübergreifende Arbeitsgruppen, z. B. dort, wo Kindergartengesetze Fortbildungsangebote und Kontakttreffen auf regionaler Ebene vorschreiben.

Um langfristig einen größeren Handlungsspielraum zu erreichen, ist es nötig, daß sich die Erzieher stärker organisieren und bei Verbänden oder Gewerkschaften etablieren. Nur dann können sie – wie auch andere Pädagogengruppen – ihre berufsbezogenen Ziele verfolgen und weitertreiben. Eine gewerkschaftliche Organisierung fällt aber den meisten Erziehern bisher noch schwer. Zum Teil liegt das daran, daß eine solche Möglichkeit sowohl in der früheren Ausbildung wie auch in vielen Praxisstellen sehr verpönt war und noch immer ist. Und es mag auch daran liegen, daß viele Erzieher nicht soviel Zeit und Engagement aufbringen wollen oder können. Vorbehalte gegenüber Gewerkschaften kommen aber auch daher, daß den meisten Erziehern nicht klar ist, welcher Gruppierung sie sich anschließen sollen. In der GEW sind die verschiedenen Pädagogengruppen zusammengeschlossen, in der ÖTV die Angehörigen des öffentlichen Dienstes. Wer Interesse an einer Mitgliedschaft hat, sollte sich in den Fachgruppen-Sitzungen informieren, was jeweils gemacht wird. Dies kann von Region zu Region sehr verschieden sein. Zunehmend versuchen heute GEW und ÖTV die Interessen der sozialpädagogischen Berufsgruppen gemeinsam zu vertreten. Neben den Gewerkschaften gibt es Fachverbände, die teils in engem Zusammenhang mit Trägerverbänden stehen, teils auch unabhängig sind. Jeder Erzieher wird also prüfen müssen, welche Gruppierung in seiner Region zur Vertretung seiner Interessen am ehesten in Frage kommt.

5.3 Warum gibt es in vielen Einrichtungen keine Teamarbeit?

Es kann davon ausgegangen werden, daß die Teamarbeit in der Einrichtung eine gute Basis für die pädagogische Arbeit ist. Dies nicht zuletzt deshalb, weil dem Erziehungsziel „Kooperationsfähigkeit" auf der Ebene der Kinder eine kooperative Zusammenarbeit der Erzieher entsprechen würde. Aber wie ist die Situation in der Praxis? Obwohl die gemeinsame Planung, der Erfahrungsaustausch und das ständige Lernen in der Gruppe dringend notwendig wären, sind in vielen Kindergärten dafür nur wenige Ansätze zu finden: Es gibt keine festgelegten Kooperationsformen; Arbeits-, Kompetenz- und Verantwortungsabgrenzung sind jeweils auf den einzelnen Erzieher zugeschnitten; in Teambesprechungen werden vorwiegend organisatorische Fragen geklärt; für die pädagogische Arbiet gilt eher das Prinzip des Nichteinmischens.

„Was mich so ärgert, ist, daß man bei der Arbeit so alleine ist und keine Kollegin findet, mit der man sich besprechen und Erfahrungen austauschen könnte. So ist die Fortbildung fast sinnlos, denn es bleibt so wenig hängen. Da wurstelt man so alleine vor sich hin, ohne daß man sich mit anderen, die doch wahrscheinlich die gleichen Sorgen haben, auseinandersetzen kann."
„Also, das muß ich ja an unserem Kindergarten beanstanden, das kommt sicher von der schlechten Situation im Team: Man weiß ja nie, was in der anderen Gruppe gemacht wird. Und ich meine, man könnte ja sehr viele wertvolle Anregungen bekommen. Wenn man da immer vereinzelt mit seiner Gruppe vor sich hin arbeitet, dann wird man langsam auf Eis gelegt. Ich bin da ja noch nicht lange. Ich hab' das auch schon mal in einer Teambesprechung angemeldet. Irgendwie sind die Beziehungen so erstarrt, daß lieber jeder vor sich hin pusselt, als sich mal mit dem anderen zu besprechen. Dabei könnte man doch voneinander lernen. Manchmal, da ist man doch wirklich so ausgelaugt, da fallen einem doch wirklich keine Ideen mehr ein, und acht Leute finden eben mehr als einer."
„Bislang hat ja jede Gruppe die Tür schnell hinter sich zugemacht und hat sich möglichst wenig reinschauen lassen. Das ist jetzt erst allmählich im Umbruch: Langsam beginnen einige, sich mit den Kollegen auszutauschen und auch einmal mit der anderen Gruppe zu arbeiten, aber das ist natürlich noch ein notwendiger Lernprozeß und ein Umdenken für uns."

Die Äußerungen zeigen, daß es oft Erzieherinnen, die eine enge Zusammenarbeit mit den Kollegen wünschen, nicht gelingt, im Mitarbeiterteam zu einem kooperativen Arbeitsstil zu kommen. Wir haben in mehreren Kindergärten gefragt, welche Widerstände und Barrieren eine intensive Zusammenarbeit der pädagogischen Mitarbeiter verhindern. Die Überlegungen der Erzieher liefen immer wieder auf folgende Punkte hinaus:
– Mehrere Erzieher sagten, sie hätten Angst, die Kollegen an ihrer Alltagspraxis teilnehmen zu lassen. Sie sind sich ihrer selbst und ihrer pädagogischen Fähigkeiten nicht sicher genug und wagen es deshalb nicht, mit den anderen in einen Erfahrungsaustausch zu treten.
– Häufig wurden die unterschiedlichen Ausbildungsvoraussetzungen im Team als Grund für gespannte Beziehungen zwischen den einzelnen Mitarbeitern genannt. Zwischen Sozialpädagogen, Erziehern, Praktikanten und Kinderpflegerinnen gibt es Beziehungen von oben nach unten, hierarchische Strukturen, die Angst, Minderwertigkeitsgefühle und Abwehr hervorrufen können. Beispielsweise können Sozialpädagogen, die eine andere Ausbildung als die Erzieher

haben, im Mitarbeiterteam durch theoretische Diskussionsbeiträge dominieren. Besonders problematisch ist es für ein Team, wenn nicht einsehbare Unterschiede in der Bezahlung für gleiche Arbeit vorliegen:

„Bei uns gibt es eine Gruppe der 5jährigen. Wer dort arbeitet, bekommt mehr bezahlt als die anderen, die mit jüngeren Kindern arbeiten. Solche Ungerechtigkeit gibt es noch in vielen Einrichtungen. Da wird eine Grundeinstellung deutlich: Was man mit 3jährigen macht, ist nicht soviel wert wie das, was man 5jährigen und Schulkindern beibringt. Daß sowas nicht gerade eine befriedigende Teamarbeit fördert, ist doch wohl klar."

– Konflikte löst auch die häufig ungeklärte Rolle der Leitung aus. Welche Aufgaben hat die Leitung? Wird sie in erster Linie als Kontrolle empfunden? Wird sie auf Verwaltungsaufgaben reduziert? Nimmt sie die Außenvertretung des Kindergartens wahr? Wird sie an der pädagogischen Arbeit beteiligt? Solange solche und andere Fragen nicht angesprochen und in der Gruppe geklärt werden, wird es Mißverständnisse und Vorbehalte geben, die eine offene Zusammenarbeit im Team verhindern können.
– Von manchen Erziehern wurden Generationsprobleme als Hindernis für eine Zusammenarbeit der Mitarbeiter genannt und dabei auf grundlegend unterschiedliche Einstellungen und Ansichten, auch in bezug auf Erziehung, verwiesen. Diese Einschätzung ist aber von Einrichtung zu Einrichtung verschieden. Aus anderen Gruppen wird berichtet, daß besonders die Kommunikation zwischen jüngeren und älteren Kollegen zu einem reichen Erfahrungsaustausch und zum Ausgleich in konflikthaltigen Auseinandersetzungen führt.
– Übereinstimmend wird die besondere Berufssituation der Erzieher als Erschwernis für eine sinnvolle Zusammenarbeit genannt. Die geringe Wertschätzung, die in unserer Gesellschaft bisher der Kleinkindererziehung zukam, wirkt sich für manche Erzieherin so aus, daß sie, resignierend und an den eigenen Fähigkeiten zweifelnd, keinen Mut für weiteres berufliches Engagement aufbringt. Es kommt hinzu, daß die überwiegende Mehrzahl der Erzieher im Kindergarten Frauen sind. Das hat Konsequenzen für das Mitarbeiterteam: Es gibt häufige Arbeitsplatzwechsel, weil Frauen sich meist nach den beruflichen Entwicklungen ihrer Männer richten. Manche Kolleginnen betrachten ihren Beruf nur als kurzfristige Beschäftigung vor Ehe und Familiengründung, sind deshalb weniger an längerfristigen Berufsorientierungen interessiert. Einige Frauen sind aufgrund der Doppelbelastung durch Beruf und Familie aus verständli-

chen Gründen nicht in der Lage, sich mehr als unbedingt notwendig um die Belange des Kindergartens zu bemühen – dies vor allem bei Halbtagsbeschäftigung. Schließlich fällt es Frauen noch recht schwer, im Team zusammenzuarbeiten. Es herrscht vielerorts die Vorstellung, daß die Art, in der Frauen miteinander umgehen, weniger arbeitsbezogen und sachlich sei als in einer Gruppe von Männern und Frauen. Die Erzieherinnen sprechen sich also manchmal selbst die Fähigkeit zur Teamarbeit ab:

„Ich bin immer froh, wenn ein Mann in der Arbeit dabei ist. Frauen allein sind so schrecklich. Immer dieser Tratsch . . . dieses Konkurrenzverhalten . . ."
„Ich habe festgestellt, wenn männliche Mitarbeiter dabei sind, dann ist da wirklich eine ausgeglichene Stimmung."
„Dann wird die Diskussion besser und sachlicher."
„Frauen untereinander haben immer soviel Krach."

Man muß sich fragen, warum Frauen sich gegenseitig so mißtrauen. Übernehmen sie dadurch nicht die herrschenden gesellschaftlichen Vorurteile, gegen die sie – als Frauen – sich eigentlich verwahren sollten?

Wenn man sich die von Erziehern genannten Bedingungen betrachtet, die eine Zusammenarbeit der Mitarbeiter erschweren können, fällt auf, daß die Unfähigkeit zur Teamarbeit vor allem als individuelles Problem der einzelnen Mitarbeiter betrachtet wird: Die Angst, nicht genügend zu leisten, dominierendes oder zurückhaltendes Verhalten, Generationsprobleme, Frauenprobleme. Weniger wird dagegen auf organisatorische und institutionelle Voraussetzungen im Kindergarten verwiesen, die mindestens ebenso starke Hindernisse für eine geglückte Teamarbeit sein können: Hierarchien im Kindergarten, Zeitprobleme, Aufteilungen des Tagesablaufs, Abgeschlossenheit der Gruppen, eingefahrene Gewohnheiten. Arbeitsschwierigkeiten werden also leicht als persönliche Schwierigkeiten eingeschätzt, die verursachenden Bedingungen werden kaum beachtet. Insofern ist es nicht verwunderlich, daß viele Kollegen Angst davor haben, im Mitarbeiterteam über ihre Arbeit, über Erfolge und Mißerfolge zu sprechen. Gründe dafür sind – sieht man von individuellen Besonderheiten ab – auch in Werten und Erziehungsvorstellungen unserer Gesellschaft zu suchen. Wie oft hängt für den Heranwachsenden das Akzeptiertwerden von der Leistung ab, in der Familie, in der Schule, in der Fachschule, im Beruf: brav sein, sauber sein, pünktlich sein, gute Noten, gute Zeugnisse, besser sein als viele andere. . . Wen kann es da noch wundern, wenn es schwerfällt, über unsere Arbeit – auch über Mißerfolge – zu sprechen. Als erfolgreich gilt ein Erzieher, wenn bei ihm alles glatt läuft, wenn keine Disziplinschwierigkeiten auftreten. Die Gefahr ist groß, daß vorhandene Probleme mit Kindern verheimlicht und durch Disziplinierungsmaßnahmen in Grenzen gehalten werden, damit nichts davon außen sichtbar und hörbar wird. Eine solche Angst und Unsicherheit im Kollegenkreis verstärkt die Isolation des einzelnen Erziehers: Jeder befürchtet insgeheim, daß seine Arbeitsschwierigkeiten nur auf eigenes Versagen zurückzuführen sind. Damit ist die Einsicht erschwert, daß die anderen Kollegen ähnliche Schwierigkeiten haben und daß man gemeinsam unter Umständen mehr zur Bewältigung dieser Schwierigkeiten beitragen kann.

Auch in Fortbildungsveranstaltungen läßt sich diese Unsicherheit, bezogen auf das eigene Arbeitsfeld, immer wieder beobachten. Zu Anfang ist kaum jemand bereit, über Erfahrungen zu sprechen. Man wartet ab, tut oft so, als ob alles gut laufen würde. Wenn dann eine Kollegin mutig und offen von Arbeitsschwierigkeiten berichtet, kann es ihr passieren, daß die Gruppe die geschilderten Probleme nur an dieser einen Kollegin festmacht. Manchmal gelingt es dann mit Hilfe des Diskussionsleiters, daß die geschilderte Schwierigkeit als gemeinsames Problem erkannt wird. Wenn das Eis gebrochen ist und mehrere Erzieher aus ihrer Praxis Beispiele schildern können, ergibt sich meist auch eine sehr vertraute und angenehme Atmosphäre in der Gruppe, weil jeder versucht, ein Stück seiner Isolation aufzubrechen und sich als Gruppenmitglied zu fühlen. Ein ähnlicher Prozeß des Vertrautwerdens und Sich-Aufeinandereinlassens muß auch im Team der Mitarbeiter geschehen. Es ist dort besonders schwer, weil man immer zusammen ist, weil man sich die Kollegen nicht aussuchen kann.

In einem eigenen Abschnitt wird auf die Entwicklung von Teambeziehungen im Kindergarten eingegangen werden. An dieser Stelle soll aber noch einmal betont werden, daß die persönlichen Schwierigkeiten der Mitarbeiter nur ein Teil der Barrieren sind. Der andere Teil, der in den Arbeitsbedingungen liegt, ist mindestens so wichtig und kann unter Umständen zunächst eher angegangen werden. Ein erster Schritt müßte deshalb sein, fördernde Bedingungen für die Zusammenarbeit mit Kollegen zu schaffen: Wann ist Zeit für Teamarbeit? Welche Arbeitsteilung im Team ist durchführbar? Wie kann man mit hierarchischen Beziehungen umgehen? Welche Arbeitsformen in der Gruppe sind geeignet? Es erfordert einiges an Arbeit und Initiative, die Arbeitsweise in den Kindergärten in Richtung auf eine gute Zusammenarbeit der Mitarbeiter zu verändern. Diese Arbeit muß auch in jedem Kindergarten neu geleistet werden, weil es für das Vorgehen im einzelnen keine Rezepte geben kann. Im folgenden soll nun beschrieben werden, wie eine Zusammenarbeit in einigen Kindergärten versucht wurde und teilweise gelang und welche Schwierigkeiten und Überlegungen es dabei gegeben hatte.

5.4 Zeitliche Regelung für die Teamarbeit

Wenn das Mitarbeiterteam eines Kindergartens zu einer pädagogisch sinnvollen Zusammenarbeit kommen will, muß eine den äußeren Bedingungen des Kindergartens entsprechende zeitliche Regelung gefunden werden. Es gibt keine allgemeingültigen Richtlinien, nach denen die Zeiten für Teamarbeit festgelegt werden können. Dies hängt von notwendigen Zeiteinteilungen bei der Arbeit mit Kindern, von örtlichen Gegebenheiten und auch von Bedürfnissen und Möglichkeiten der Mitarbeiter ab. Allgemein läßt sich sagen, daß es ungünstig ist, wenn sich die Mitarbeiter nur kurz vor Ende der Dienstzeiten treffen. Wenn jeder vom Tagesablauf abgespannt ist und den Kindergarten möglichst pünktlich verlassen will, weil z. B. noch dringende Einkäufe gemacht werden müssen, kann es höchstens zu einer schnellen Erledigung anstehender Organisationsfragen kommen – pädagogische Fragen und ein Erfahrungsaustausch werden unter solchen Umständen sicher ausgeklammert.

Gemeinsames Planen und Erfahrungsaustausch sind Bestandteil der Arbeitszeit eines Erziehers. Diese Tätigkeiten müssen also innerhalb der jetzt üblichen Dienstzeiten untergebracht werden und sind nicht lediglich Feierabendbeschäftigungen für engagierte Mitarbeiter. So heißt es beispielsweise in den Durchführungsbestimmungen zum Kindergartengesetz in Rheinland-Pfalz:

> Zur Vor- und Nachbereitung gehört auch gemeinsames Planen und Abstimmen der Arbeit in Teambesprechungen sowie die Elternarbeit. Daher müssen zu bestimmten Zeiten alle Erziehungskräfte im Kindergarten anwesend sein.
> Für Teambesprechungen sollten wöchentlich mindestens drei Stunden für alle Erziehungskräfte eingeplant werden. Auch Teilzeitkräfte sollten an diesen Besprechungen regelmäßig teilnehmen. Bei Ganztagseinrichtungen werden in der Regel zwei Parallelbesprechungen erforderlich sein. Nach den bisherigen Erfahrungen ist es nützlich und in vielen Fällen möglich, etwa einmal im Monat gemeinsame Teambesprechungen mit benachbarten Kindergärten durchzuführen. Hierbei kann

in Absprache mit den Eltern der Kindergarten an einem Nachmittag früher geschlossen oder ein Notdienst eingerichtet werden. Besonders die Erziehungskräfte kleiner Kindergärten sollten diese Möglichkeit zur fachlichen Diskussion und zum Erfahrungsaustausch nutzen. (Mitteilung an die Kindergärten in Rheinland-Pfalz vom 7.2.1975).

Dieser Auszug aus den Durchführungsbestimmungen des rheinland-pfälzischen Kindergartengesetzes ist ein Beispiel dafür, daß die Erfahrungen und Entwicklungen der letzten Jahre im Elementarbereich auch die offiziellen Richtlinien beeinflussen. Veränderungen in der pädagogischen Praxis machen veränderte Arbeitsbedingungen notwendig – nur werden diese nicht automatisch in den einzelnen Einrichtungen realisiert. Das heißt, selbst wenn in den verschiedenen Bundesländern Bestimmungen formuliert werden, nach denen Teamarbeit im Rahmen der 40-Stunden-Woche eingeschlossen sein soll, muß sich jede Einrichtung darum bemühen, wie diese Möglichkeit in ihrem speziellen Fall genutzt werden kann.

Für Kindergärten, die in unserem Modellversuch an der Curriculumentwicklung beteiligt waren, ergab sich die Notwendigkeit, relativ viel Zeit für Teamarbeit einzuräumen. Dies war für die beteiligten Erzieher keine leichte Aufgabe, weil sich ihre Arbeitsbedingungen und die personelle Besetzung nicht so sehr von der Situation in anderen Kindergärten unterschied, um eine Übertragung der dort gemachten Erfahrungen unmöglich zu machen. Es wurden – je nach Kindergarten – recht verschiedene Lösungen gefunden. Im Nachhinein wurde ersichtlich, daß dies auch sinnvoller war, als wenn alle Einrichtungen gleiche Bedingungen gehabt hätten. Dazu einige Erfahrungen von Erziehern:

„Wir haben uns recht lange mit der Suche nach einer Zeitregelung geplagt. Zunächst waren unsere Besprechungstermine auch sehr ungünstig: einmal in der Woche nach der Arbeit mit den Kindern. Wir waren dabei ziemlich unzufrieden. Pädagogische Fragestellungen wurden ständig von Organisationskram verdrängt. Wir gingen immer mit dem Gefühl auseinander, gerade die wichtigsten Dinge nicht besprochen zu haben. Aber wir waren ja viel zu müde und abgeschlafft. Als wir aber dann begannen, an den didaktischen Einheiten mitzuarbeiten, mußten wir nach neuen Lösungen suchen. Zunächst haben wir in der Mittagspause über unsere Erfahrungen gesprochen. Das ging zwar schon besser, aber es war doch nicht genug. Jetzt ist es so, daß wir daneben zweimal im Monat einen Nachmittag für unsere gemeinsame Arbeit frei haben. Einen Nachmittag verbringen wir unter uns, den anderen Nachmittag arbeiten wir zusammen mit dem Team eines Nachbarkindergartens, was für alle Beteiligten zusätzliche Anregungen bringt. Die Kinder sind an diesen zwei Nachmittagen im Monat zu Hause, und es kommt nur ab und zu vor, daß wir in der Zeit einen Notdienst einrichten müssen."

„Bei uns haben wir auch die Stunde am Spätnachmittag abgeschafft, weil das wirklich sehr unproduktiv war. Seit zwei Jahren haben wir einmal in der Woche zwischen 14.00 und 16.30 Zeit für unsere gemeinsame Arbeit. Seitdem können wir viel besser und langfristiger die Arbeit planen und notwendige Kooperationen absprechen. Auch für plötzlich auftretende Probleme in den Gruppen ist jetzt Zeit, und bei der Vorbereitung von Festen oder Exkursionen entwickeln wir jetzt doch mehr Phantasie als in der Zeit, in der jeder mehr oder weniger nur für sich denken und vorbereiten mußte."

Aus beiden Einrichtungen wird berichtet, daß sich ein ganzer Nachmittag in regelmäßigen Zeiträumen für die Zusammenarbeit im Team bewährt hat. In dem folgenden Bericht begründet eine Erzieherin, warum sie und ihre Kolleginnen eine andere Regelung befürworten.

„In unserer Einrichtung hat es sich so eingespielt, daß wir uns jeden Tag zwischen 12.00 und 13.00 Uhr treffen. Bis 14.00 Uhr ist dann noch Mittagspause, in der wir essen gehen. Oft werden dann natürlich Arbeitsgespräche beim Essen weitergeführt. Wir haben auch schon überlegt, daß das in der Mittagspause Nachteile hat, weil die Zeit kurz ist und die Pause für uns ja auch nötig wäre. Aber dennoch ist die jetzige Regelung derzeit wohl geeignet, weil wir Halbtagskräfte haben, die am Nachmittag nicht dabei sein könnten. Wir haben auch noch einen anderen Grund: Wir haben das Gefühl, daß es uns noch einfach zuviel ist, wenn man drei Stunden lang intensiv miteinander arbeiten soll. Nach eineinhalb Stunden treten bei uns Ermüdungserscheinungen auf. Außerdem finden wir, daß es nicht reicht, wenn man sich nur ein- bis zweimal im Monat trifft. Man müßte sich doch wesentlich öfter sprechen. Deshalb finden wir unsere jetzige Regelung ganz gut. Außerdem – wenn etwas diskutiert oder geplant wird, was längere Zeit in Anspruch nimmt – können wir immer kurzfristig die Nachmittagskinder, die ja nicht so zahlreich sind, in einer Gruppe zusammenfassen, für die dann abwechselnd zwei Kolleginnen zuständig sind."

Im nächsten Bericht wird beschrieben, wie sich ein Mitarbeiterteam Gedanken über eine Neuregelung der Öffnungszeiten seines Kindergartens macht, um auf diese Weise Zeit für Teamarbeit zu schaffen. Wichtig sind dabei auch die Hinweise, wie sich bei dieser Frage das Team entwickelt und gefestigt hat.

„Wir haben wieder eine ganz andere Regelung gefunden. Wir haben uns überlegt, ob die Öffnungszeiten unseres Kindergartens den Bedürfnissen unseres Einzugsbereichs überhaupt entsprechen. Denn mittags um zwölf Uhr hatten viele Mütter Schwierigkeiten, ihre Kinder abzuholen, weil sie halbtags berufstätig sind. Und am Nachmittag kamen nur sehr wenige Kinder. Wir haben uns dann auch mit Eltern und Trägern beraten und fanden schließlich heraus, daß es für die meisten Beteiligten günstiger war, den Kindergarten mittags länger offenzuhalten und nachmittags zu schließen. Eine Notgruppe gibt es in jedem Fall, da wir auch Kinder von Kolleginnen – die alle bis 17.00 Uhr im Hause sind – bei uns betreuen. Wir haben nun jeden Nachmittag außer Montag und Mittwoch drei Stunden Arbeitszeit im Team und konnten dadurch besonders intensive Elternarbeit aufbauen. Es ist vielleicht wichtig, zu erwähnen, daß die Phase, in der wir uns um die veränderten Öffnungszeiten des Kindergartens bemühten, ziemlich reibungsvoll war. Wir waren uns da nicht sofort einig, weil einige von uns sich auch vor der verstärkten Arbeit im Team fürchteten. Aber es gab dann sowas wie einen Wechselprozeß. Je mehr wir uns um die Veränderung der Arbeitszeitregelung bemühten, um so mehr entwickelte sich unser Mitarbeiterteam. Und je mehr wir zu einem starken Mitarbeiterteam wurden, um so mehr konnten wir die neuen Öffnungszeiten in Zusammenarbeit mit Träger und Eltern durchsetzen. Wir mußten uns nämlich auch immer wieder mit entmutigenden Rückschlägen befassen. So z. B. mit dem Vorwurf, bei der Nachmittagsarbeit im Team würde ja doch nur Kaffee getrunken."

Für einen kleinen Kindergarten, der nur eine oder zwei Gruppen hat, ist die Teamarbeit nicht leicht, weil bei nur zwei oder drei Kollegen manchmal die Ideen ausgehen und die Anregungen beim Erfahrungsaustausch spärlicher werden. Davon berichtet eine Erzieherin aus einem Dorfkindergarten:

„Wir haben in unserem Dorfkindergarten ganz andere Sorgen. Wir können, weil wir so wenige sind, zwar leicht Besprechungszeiten vereinbaren, aber bei Erfahrungsaustausch und Diskussionen müßte die Gruppe doch ein bißchen größer sein. Wir versuchen deshalb, regelmäßig mit dem Kindergarten einer Nachbargemeinde zusammenzuarbeiten. Aber bei den Entfernungen ist das nicht so leicht."

Die hier aufgeführten Berichte aus verschiedenen Kindergärten zeigen einzelne – durchaus unterschiedliche – Zeitregelungen auf, die nicht nur von äußeren Bedingungen, wie Sozialstruktur des Einzugsbereichs, Ganz- oder Teilzeitarbeit der Erzieher abhängen, sondern die auch durch die Wünsche der Mitarbeiter für die Teamarbeit bestimmt sind. So gibt es Mitarbeiter, die ein starkes Bedürfnis danach haben, sich mit möglichst viel Zeit auf pädagogische Konzeptionen, Elternarbeit und Fortbildung zu konzentrieren. Andere Mitarbeiter wiederum müssen sich erst an solche Arbeitsformen gewöhnen und verwenden lieber weniger Zeit auf die Zusammenarbeit im Team. Eines wurde aber in den Gesprächen deutlich: Teamarbeit wurde von allen Beteiligten für unbedingt notwendig gehalten und es wurde betont, daß man nicht in den Fehler verfallen dürfe, durch den Hinweis auf ungünstige Arbeitsbedingungen ganz darauf zu verzichten. Dazu folgender Gesprächsauszug:

„Ich habe den Eindruck, daß manche von Euch sich Ausnahmesituationen geschaffen haben, die normalerweise gar nicht möglich sind."

„Aber man kann doch nicht sagen, normalerweise ist sowas nicht möglich, wo wir uns doch auch um diese Regelungen erst mal bemühen mußten."

„Es ergibt sich aber doch nicht überall die Möglichkeit, den Nachmittag freizuhalten."

„Natürlich nicht. Aber vielleicht dann einmal in der Woche. Oder aber etwas anderes: Es gibt doch inzwischen auch Arbeitsgemeinschaften, die von den Trägern durchaus akzeptiert werden. Wenn man sich z. B. regelmäßig an einem Nachmittag, der besonders günstig ist, weil weniger Kinder kommen, trifft. Dabei kann doch im rollierenden System einer oder zwei für die Kinder verantwortlich sein und die anderen haben Zeit für andere Arbeit. Ich finde, man muß davon wegkommen, daß man sagt, Teamarbeit kann man nur dann betreiben, wenn man die und die Bedingungen hat. Das wäre schade."

Vor allem in Ganztagseinrichtungen wird es schwierig, zu einer befriedigenden Lösung zu kommen. Wenn die Mitarbeiter in verschiedenen Schichten arbeiten und es nicht einmal zu Überschneidungszeiten kommt, in denen Teamgespräche möglich wären, ist dies von der personellen Besetzung her eine unzulässige Situation, die dringend verbessert werden muß. Aber Schwierigkeiten wird eine Ganztagseinrichtung bei der Bestimmung von günstigen Teamarbeitszeiten auch bei einer angemessenen personellen Besetzung haben.

„Wir haben es organisatorisch so gelöst, daß wir zweimal in der Woche Teambesprechung haben, und zwar von 12.30 bis 14.00 Uhr. Da wir alle mittags in der Einrichtung bleiben müssen, ist das wohl ganz günstig. Schwierig ist natürlich, daß immer mal wieder jemand raus zu den Kindern muß. Dann kriegt er natürlich einen Teil der Besprechung nicht mit, da gibt es dann immer auch ein bißchen Unruhe."

Eine Erzieherin berichtet, wie in ihrer Einrichtung das Problem der Gruppenbetreuung während der Teambesprechung befriedigend gelöst wurde.

„Wir haben frühere Mitarbeiterinnen, also Fachkräfte, die wegen eigener Kinder nicht im Beruf sind, angesprochen und sie um Mitarbeit für die Zeit der Teambesprechung, wenn nur wenige Kinder anwesend sind, gebeten. Der Träger war mit der Beschäftigung dieser Aushilfskräfte einverstanden. Unsere ehemaligen Mitarbeiterinnen sind froh, daß sie auf diese Weise wieder Kontakt zum Beruf haben. Wir selbst und auch die Kinder sind mit dieser Lösung recht zufrieden."

5.5 Wie entwickelt sich ein arbeitsfähiges Team?

Teamarbeit im Kindergarten ist nicht leicht. Zu lange war es üblich, daß der Erzieher mit seiner Gruppe alleine fertig werden mußte und daß Arbeitsschwierigkeiten eher den Familienangehörigen daheim als den Kollegen in der Einrichtung preisgegeben wurden. Dies ist nicht nur ein Problem der Kindergartenerzieher; anderen Pädagogengruppen, wie etwa den Lehrern, fällt die Zusammenarbeit genauso schwer. Sie haben zusätzlich die Belastung, durch Lehrpläne und Leistungsnachweise individuell noch mehr unter Druck zu stehen, als dies bei Kindergartenerziehern bisher der Fall ist. Dies ist eine große Chance für den Kindergarten, der darauf bedacht sein sollte, diesen noch vorhandenen Freiraum zu bewahren und zu nutzen. Teamarbeit ist aber darüber hinaus noch für fast jeden von uns schwer, weil unsere Erfahrungen zu sehr das Rivalisieren und Konkurrieren festgelegt haben. Dies läßt sich bereits deutlich bei den Kindergartenkindern feststellen, die schon genau darauf achten, ob die Spielkameraden stärker, schneller oder besser im Malen sind. Horst E. Richter geht auf diese Schwierigkeiten ausführlich in dem Buch „Die Gruppe“ ein.

„Unsere Kultur hat jeden von uns seit früher Kindheit auf permanentes Rivalisieren trainiert. Das beginnt mit der Geschwisterrivalität schon im Kleinkindalter und setzt sich fort mit der permanenten Anstachelung von Konkurrenzehrgeiz in Schule, Ausbildung und Beruf. Man macht sich selten bewußt, daß das bis zum Terror perfektionierte Konkurrenzprinzip in unserer Leistungsgesellschaft zu der Einwurzelung der Überzeugung geführt hat, daß im Grunde nur in der Zweierbeziehung volles Vertrauen gerechtfertigt sei und daß das Hinzutreten eines Dritten automatisch zur Folge habe, daß zwei sich auf Kosten des Dritten verständigen. Solche traditionellen Vorurteile sind latent noch überall wirksam“ (Richter 1972, S. 289).

Diese Vorurteile und Ängste, die wir in vielen Lebenssituationen gelernt haben, tragen wir in Gruppen oder Teams hinein. Insofern ist es unrealistisch, zu glauben, daß – wenn nur alle guten Willen haben – die Zusammenarbeit schon klappen muß. Man muß sich vergegenwärtigen, daß jeder Ängste aus anderen Gruppen in das Team hineintragen kann – Ängste also, die aus Erfahrungen stammen, die mit dem Team zunächst gar nichts zu tun haben. Aber sie werden dann als anfangs unerklärliche Probleme dieses Teams erlebt. Wieso beschreiben wir solche möglichen Hindernisse? Nicht, um diejenigen, die ein arbeitsfähiges Team aufbauen wollen, zu entmutigen, sondern um darauf hinzuweisen, daß Schwierigkeiten auftauchen können, die nicht sofort zum Abbruch des Unternehmens führen sollten.

Wie stellen sich nun solche Teamschwierigkeiten im Kindergarten dar? Wir haben dazu einige Erzieher gefragt, die entsprechende Erfahrungen haben:

„Für mich persönlich war die Arbeit im Team das Schwerste. Es dauerte so lange, bis sich eine Linie zeigte. Wir hatten zu Anfang kein Vertrauen zueinander. Wir konnten unsere Fragen nicht klar darlegen und offen besprechen. Wir hatten da keine Erfahrung und eigentlich hat jeder mißtrauisch abgewartet. Erst nach und nach konnten wir das durchbrechen. Wir sind so langsam erst gewachsen."
„Bei uns war es zu Anfang so, daß zwischen den Gruppen ein Konkurrenzkampf stattfand. Der eine machte Dinge, von denen der andere möglichst nichts wissen sollte. Da fühlte man sich gleich zurückgesetzt."
„Schwierig war die Situation vor allem in den Gruppen, wo eine Gruppenleiterin mit einer Kinderpflegerin oder Praktikantin zusammenarbeitete. Wir mußten richtig lernen, die Zweitkräfte ernst zu nehmen. Wir waren gar nicht gewohnt, die Gespräche so zu führen, daß jeder zu seinem Recht kam und sich akzeptiert fühlte. Wir mußten uns bemühen, den anderen auch mal zuzuhören und nicht nur auf den eigenen Gedanken festgelegt zu sein. Daneben aber bestand auch noch die Versuchung, Entscheidungen zur Sache der Leiterin zu machen, alles an sie abzuschieben."

In diesen Äußerungen wird bereits deutlich, wo die Schwierigkeiten liegen: Wir haben nicht gelernt, Vertrauen zu haben, offen zu sein, die anderen teilnehmen zu lassen, den anderen zuzuhören und sie ernst zu nehmen. In einzelnen Äußerungen klingt an, wie schwer es ist, damit fertig zu werden, daß man sich nicht immer genügend beachtet fühlt. Den Erziehern stellt sich die Frage, wie man miteinander umgehen kann, wo doch die meisten von uns so empfindlich sein können.

„In größeren Teambesprechungen war es schon sehr schwierig. Wenn wir z. B. versuchten, uns über die Situation eines Kindes und dessen Schwierigkeiten klar zu werden, blieb es nicht aus, daß man auch über das Verhalten der betreffenden Erzieherin nachdachte. Da wurde dann auch mal kritisiert, und es fiel uns fast allen schwer, das auszuhalten und nicht beleidigt wegzurennen."
„Man muß wirklich lernen, sich auch einmal angreifen zu lassen. Das hat bei uns keiner sofort geschafft. Jetzt, wo wir die schwierige Anfangszeit überstanden haben, wundern wir uns schon über unsere frühere Empfindlichkeit. Heute erleben wir Fragen oder Kritik der Kollegen nicht mehr als Angriff, sondern als Hilfestellung. Dazu muß man aber sagen, daß wir auch die Erfahrung machen konnten, daß jeder akzeptiert wird, auch wenn er mal was falsch macht."
„Bei uns ging es auch ziemlich langsam: Einige von uns waren über die längeren Teambesprechungen gar nicht begeistert. Sie hatten Angst, es würde zu theoretisch oder es kämen zu viele Probleme, die man zwar sah, an die man aber nicht so ran wollte. Befürchtet wurde vor allem: Die einzelnen Personen kamen viel mehr ins Kreuzfeuer. Die bekamen manchmal Sachen gesagt, die nicht so gerne gehört wurden. Wenn ich da so an mich denke: Ich habe zu Anfang schon oft schlucken müssen. Gleichzeitig mußte ich mich aber auch zwingen, selber mal weniger aggressiv zu sein, weil ich den anderen ganz unbekümmert alles zumutete."

Hier berichteten Erzieher, in deren Teams es anscheinend ziemlich lebhaft zuging. Sie und ihre Kolleginnen mußten sich allmählich daran gewöhnen, einerseits weniger empfindsam, andererseits weniger aggressiv zu reagieren. Dies muß nicht immer so sein. Mitunter haben Mitarbeitergruppen Schwierigkeiten, den freundlichen und verbindlichen Umgangston soweit zu verlassen, daß eine Diskussion mit unterschiedlichen Meinungen zustande kommt. Oft besteht der Anspruch, im Team müsse man sich immer gut verstehen und es dürften niemals Meinungsverschiedenheiten vorhanden sein. Dieser Anspruch ist sicher nicht richtig, denn erst durch unterschiedliche Meinungen und Standpunkte kommen wichtige Anregungen in die gemeinsame Arbeit. Man muß also lernen, Meinungsverschiedenheiten nicht als persönlichen Streit mißzuverstehen. Vielmehr kommt es darauf an, weitere Argumente und Gesichtspunkte zu finden, um eine Entscheidung auf dem Hintergrund größtmöglicher Informationen zu treffen.

Für manche Teams gab es eine andere Schwierigkeit. So berichtet eine Erzieherin:

„Bei uns war es zu Anfang im Team deshalb schwierig, weil einige immer geredet haben und die anderen gar nicht zu Wort kamen. Dabei verloren bald alle die Lust zur Zusammenarbeit. Es wurde darüber aber nicht während der Teambesprechung geredet, sondern in kleinen Grüppchen hinterher. Da wurde geschimpft, ohne zu versuchen, den beanstandeten Zustand zu verändern."

Dieses Teamproblem gibt es sicher in sehr vielen Gruppen. Immer wird es einzelne Mitarbeiter geben, die aktiver sind und die in der Gruppe mehr reden als andere. Schwierig wird es für die Gruppe erst, wenn anderen Mitarbeitern nicht zugehört wird oder sie nicht mehr zu Wort kommen. Tritt diese Situation ein, sollte man versuchen, die dominierenden Kollegen darauf hinzuweisen, und von ihnen verlangen, sich etwas mehr zurückzuhalten. Denn dominantes Verhalten selbst zu merken und richtig einzuschätzen, ist nicht leicht. Dazu eine Erzieherin:

„Jemand, der beispielsweise gut sprechen kann oder Dinge direkt durchschaut, ist viel schneller dabei, zu diskutieren. Da muß man überlegen, ob dieser Kollege nicht darauf hingewiesen werden kann, daß er den anderen, die zunächst langsamer sind, auch die Möglichkeit gibt, sich zu äußern. Man muß auch von dem, der schneller denkt oder redet, verlangen, daß er akzeptiert, was die anderen äußern. Eigentlich hat er die Aufgabe, die anderen zu unterstützen, daß sie selbstbewußter und sicherer werden, daß sie die Courage haben, auch mitzudiskutieren. Meiner Meinung nach gehört es zu Anfang immer zu den Aufgaben eines Teams, daß man denen, die sich nicht so sicher fühlen, erst mal Sicherheit gibt und sie unterstützt."

Wenn einzelne Mitarbeiter eines Teams auffallend aktiv sind, kann es auch daran liegen, daß die anderen ihnen diese Rolle zuschieben. Es ist durchaus vertretbar, daß Mitarbeiter unterschiedlich aktiv sind. Man muß nicht verlangen, daß jeder gleich viel redet. Man muß auch nicht meinen, daß stillere Kollegen keine gleichwertigen Teammitglieder sind.

Sehr schwer ist es aber, Offenheit und Freimütigkeit unter den einzelnen Mitgliedern in der Gruppe zu erreichen, wenn Mitarbeiter unter der Dominanz einzelner Kollegen leiden, dies aber nicht der Gruppe, sondern nur der vertrauten Kollegin sagen. Aus einer derartigen Verhaltensweise können in der ganzen Gruppe Gefühle des Mißtrauens und Unmuts entstehen, die schwer zu beseitigen sind. Ein solches Schimpfen hinterher ist auch unfair gegenüber den Mitarbeitern, denen man es überläßt, die Teambesprechung sehr aktiv zu gestalten, ohne ihnen offen zu signalisieren, daß auch andere sich mehr beteiligen wollen.

Mit welchen Themen und Inhalten kann man im Team beginnen?

Folgende Ansatzpunkte lassen sich für einen Erfahrungsaustausch der Erzieher im Team oder mit Kollegen aus anderen Einrichtungen denken:

– Was sind typische Alltagsschwierigkeiten? Unter welchen Bedingungen tauchen sie auf? Wie werden die einzelnen Kollegen damit fertig? Welche Handlungsweisen könnten den Erziehungsvorstellungen des Kindergartens entsprechen?
– Wie sind die äußeren Arbeitsbedingungen? Entspricht die Raumausstattung des Kindergartens und des Spielplatzes den Bedürfnissen der Kinder? Sind die Gruppen zu groß? Welche Änderungen kann man durch die gemeinsame Planung von Aufnahmeverfahren angehen? Gibt es genügend Zeit für Arbeitsvorbereitung und Teambesprechung?
– Wie kann man die neu einzustellenden Praktikanten einführen? Was erwarten diese von der Praxis? Wie schätzen sie die pädagogische Arbeit ein? Worüber sind sie enttäuscht? Wie sehen die zukünftigen Erzieher das Arbeitsfeld Kindergarten von den Anforderungen und von der Bezahlung her?

Wenn einige Erfahrungen im gemeinsamen Gespräch gesammelt wurden, kann man auch die Situation im Team zum Gegenstand der Besprechung machen: Welche Schwierigkeiten gibt es im Team? Bestehen Spannungen zwischen Leitung und Erziehern? Lassen sich Aufgaben der Leitung delegieren? Können die einzelnen Erzieher selbständig die Arbeit – auch mit Eltern – gestalten? Überlassen die Erzieher alle unangenehmen organisatorischen Aufgaben der Leiterin?

Im folgenden beschreibt eine Erzieherin, wie in ihrem Team zu Anfang inhaltlich gearbeitet wurde:

„Wir haben uns gesagt, daß die Voraussetzung eines funktionierenden Teams akzeptiert wird und daß die Gestaltung der Teamarbeit nicht von einer Person ausgehen sollte. Jeder sollte sich verantwortlich fühlen und auch Beiträge einbringen können. Dazu gehörte auch eine gemeinsame Planung der Inhalte für die Teamarbeit. Bei uns ist es z. B. so, daß wir jeweils für 14 Tage die Arbeit zusammen planen und dann versuchen, uns daran zu halten. Für jeden Besprechungstermin nehmen wir etwas Bestimmtes vor. Manchmal geht ein Thema auch über mehrere Sitzungen. Welche Themen das sind, hängt davon ab, was gerade anliegt. Jemand sagt, ich habe Probleme mit einem bestimmten Kind und bevor ich an die Eltern herantrete, möchte ich mich erst mal mit euch beraten. Oder jemand sagt, ich habe einen Zeitschriftenartikel gefunden, der für uns wichtig sein kann, darüber sollten wir diskutieren. Oder es liegen Termine im Jahresablauf an, die vorbereitet werden müssen. Durchgängig versuchen wir, über die Arbeit in den einzelnen Gruppen zu berichten und vorbereitete Unterlagen auszutauschen."

Nicht alle Mitarbeiter können sofort soviel im Team arbeiten. Für manche ist es einfacher, sich zwischendurch alleine oder in einer kleinen Untergruppe zu beschäftigen. Dazu die Meinung einer Leiterin aus einer größeren Einrichtung, der auch ein Hort angeschlossen ist:

„Ich habe Vergleichsmöglichkeiten. Bei uns im Hort läuft es ein wenig besser, dort sind auch nur die drei Mitarbeiter. Da ist das Teamgespräch viel reger als es im Kindergarten der Fall ist. Im Kindergarten wird von den Mitarbeitern nicht gewünscht, daß öfter Teambesprechungen stattfinden. Sie sagen, wir brauchen mehr Zeit für die eigene Vorbereitung, wir möchten uns auch im kleinen Kreis absprechen. Wenn wir in der Gruppe sitzen, bringt uns das oft nichts. Es ist in dem Gesamtteam deshalb so schwierig, weil einige Rivalitäten im Hause bestehen. Immer besteht die Furcht, daß mehr Gesprächszeit für die Belange der anderen aufgewendet wird."

In so einer Situation ist es sinnvoll, auch in arbeitsfähigen Untergruppen zu arbeiten. Aber vielleicht kann man durch wechselnde Mitarbeit in den verschiedenen Untergruppen verhindern, daß das Kindergartenteam ganz auseinanderfällt.

Ziel wäre wohl, daß mit der Zeit auch im Gesamtteam eine Zusammenarbeit möglich ist. Dabei kann man durchaus berücksichtigen, daß in einer sehr großen Einrichtung mit vielen Mitarbeitern Untergruppen ihren Sinn haben, weil in einer Gruppe von 5 bis 8 Personen am besten gewährleistet ist, daß jeder einzelne mitarbeiten kann. Sollten sich wegen der Größe der Einrichtung mehrere Untergruppen bilden, wäre zu überlegen, ob und an welcher Stelle verschiedene inhaltliche Schwerpunkte gebildet werden können und wie sich die Arbeit der einzelnen Untergruppen an die anderen vermitteln läßt.

5.6 Hierarchien im Kindergarten

Im Betrieb Kindergarten gibt es, wie in jedem Betrieb, Arbeitsteilungen und hierarchische Beziehungen.
– Die Leitung des Kindergartens ist für die Arbeit der Einrichtung verantwortlich und gegenüber den anderen Mitarbeitern weisungsbefugt. – Was heißt das konkret? Heißt das, daß die Leiterin Einblick in das Geschehen aller Gruppen hat? Heißt das, daß sie über alle pädagogischen Aktivitäten entscheiden muß? Heißt das, daß sie den Kindergarten nach außen repräsentiert? In der Praxis sind solche Fragen nicht selten ungeklärt, die Folge ist ein gespanntes Betriebsklima.

Aber es gibt noch andere hierarchische Beziehungen:
– Die älteren praxiserfahrenen Erzieher verweisen auf ihre langjährige Erfahrung. Sie sind oft stolz darauf, daß sie auch unter schlechteren Arbeitsbedingungen fertig geworden sind.
– Gruppenleiterinnen sind in der Versuchung, die Zweitkräfte nicht ernst zu nehmen, sie bei wichtigen Entscheidungen zu vergessen. Die Zweitkräfte selbst unterstützen dieses Verhalten oft. Sie halten sich aus der Verantwortung heraus, fühlen sich nicht zuständig.
– Die Praktikanten wollen lernen, vieles kritisieren und anderes probieren. Sie können sich aber kaum genügend durchsetzen oder auch in das Team einfügen, weil sie nur begrenzte Zeit mitarbeiten und darauf angewiesen sind, ein gutes Zeugnis ausgestellt zu bekommen.
– Auch neue Kollegen im Mitarbeiterteam haben es manchmal nicht leicht, sich gleichberechtigt zu fühlen. Sie befürchten, nicht akzeptiert zu werden. Sie haben den Eindruck, daß das Team als Gruppe geschlossen ist und nicht mehr offen für Anregungen von außen.
– Mehr und mehr arbeiten Sozialpädagogen im Kinder-

garten mit. Oft haben sie weniger praktische Erfahrung als die Erzieher. Es gibt Unmut wegen der unterschiedlichen Ausbildungssituation, vor allem, wenn eine ungleiche Bezahlung bei vergleichbarer Arbeit gewährt wird.
– Die Beziehungen zum Wirtschaftspersonal können spannungsgeladen sein. Erzieher einerseits und Hausmeister, Küchen- und Reinigungspersonal andererseits haben sehr unterschiedliche Arbeitsaufträge. Vorstellungen über Ordnung und Sauberkeit widersprechen häufig dem Interesse an pädagogisch sinnvollen Erfahrungsräumen für Kinder.

Warum diese Beschreibung der möglichen Reibungspunkte im Betrieb Kindergarten? Weil diese Konfliktfelder oft die Ursache sind, daß die gemeinsame Arbeit im Team nicht gelingt, obwohl die Inhalte der gemeinsamen Arbeit nichts mit den Konflikten zu tun haben. Man kann sogar sagen, diese Konfliktfelder verhindern eine Teamarbeit, *weil* sie aus der gemeinsamen Arbeit ausgeklammert werden.

Die beschriebenen Hierarchien sind im Kindergarten vorhanden. Man mag sich streiten, ob dies notwendig oder wünschenswert ist. Es gibt wenige Versuche, bei denen man Verantwortung und Aufgaben auf alle Mitarbeiter verteilt und keine hierarchischen Beziehungen akzeptiert (vgl. Roth 1975, S. 21). Darüber, wie diese Versuche gelingen, ist bisher zuwenig bekannt. Solche Organisation würde jedenfalls sehr viel Engagement und Einsatzbereitschaft von jedem einzelnen verlangen. Die meisten Kindergartenträger stehen diesen Versuchen sehr skeptisch gegenüber und verweisen auf ihr Interesse, daß der Kindergarten funktioniert. Und dafür wollen sie eine verantwortliche Person, die Leitung, haben. Für uns stellt sich hier die Frage, wie man mit den im Kindergarten vorhandenen Hierarchien so umgehen kann, daß Störungsstellen verringert und Möglichkeiten von Leitungsfunktionen im Interesse der Mitarbeiter genützt werden können. Dies soll am Beispiel der Rolle der Leiterin dargestellt werden.

Im Rahmen einer Fortbildungsveranstaltung, an der Leiterinnen und Gruppenerzieherinnen gemeinsam teilnahmen, beschäftigte man sich mit der Frage nach einer sinnvollen Zusammenarbeit zwischen Leiterin und Mitarbeitern. Bei Ausgangsüberlegungen wurde schnell deutlich, daß recht unterschiedliche Vorstellungen und Erwartungen bei den Leiterinnen einerseits und den Erzieherinnen andererseits bestanden, daß man sich aber im eigenen Team nie darüber verständigt hatte. Die Probleme waren höchstens in vereinzelten Vorwürfen, bissigen Nebenbemerkungen und Einzelgesprächen aufgetaucht, sie waren nie Gegenstand für die Arbeit des Teams. Um dies zu verändern, wurde beschlossen, daß sich jede Gruppe (Leiterinnen für sich, Erzieherinnen für sich) kurz zusammensetzt und ihre Sicht des Leitungsproblems darstellt.

Darstellung der Gruppenerzieher:
– Die Leiterin trifft wichtige Entscheidungen allein.
– Wir können uns nicht beschweren, weil wir von ihr abhängig sind.
– Sie hat wichtige Informationen und gibt sie nicht weiter.
– Sie nimmt wichtige Außenkontakte (Träger, Eltern) wahr und läßt uns nicht teilnehmen.
– Wenn Eltern oder Träger sich beschweren, bekommen wir den Ärger ab.
– Sie bevorzugt grundlos einzelne Mitarbeiter, andere sind an allem schuld.
– Sie verteilt die anfallenden Arbeiten ungerecht.
– Wenn sie mal in der Gruppe aushilft, meint sie, mit den Kindern besser umgehen zu können.
– Sie hat keine Ahnung von der Arbeit mit den Kindern.
– Sie bekommt zwei Gehaltsstufen mehr.

Darstellung der Leiterinnen
– Wir haben die Verantwortung, wir müssen für alles den Kopf hinhalten.
– Wenn es Ärger mit dem Träger oder mit den Eltern gibt, wird er bei uns ausgetragen, wir müssen alles aushalten.
– Die Mitarbeiter drücken sich vor Organisationsarbeiten, dem Schriftverkehr, der Organisation – alles liegt bei uns.
– Da wir soviel organisatorische Arbeiten haben, von denen man hinterher nichts mehr sieht, wissen wir oft nicht, was wir getan haben, obwohl wir den ganzen Tag in Hetze waren.
– Immer wieder werden wir durch alle möglichen Dinge (Anrufe) gestört, die Erzieher können dagegen sinnvoll mit der Kindergruppe arbeiten.
– Uns geht der Kontakt zu den Kindern ganz verloren, bestenfalls können wir ab und zu noch aushelfen.
– Wir werden von den Mitarbeitern wegen jeder Kleinigkeit zu Rate gezogen. Keine Entscheidung treffen die unter sich. Und wenn unsere getroffene Entscheidung nicht allen paßt, gibt es wieder Ärger.

Diese beiden Arbeitsgruppenergebnisse stießen in der Gesamtgruppe auf Betroffenheit und Erstaunen. Betroffenheit, weil sich zunächst jede Gruppe von der anderen angegriffen fühlte. Man mußte sich vergegenwärtigen, daß diese Meinungen keine Kampfansagen, sondern ehrliche Äußerungen aus der jeweils eigenen Sicht waren. Erstaunen riefen die Äußerungen deshalb hervor, weil ersichtlich wurde, daß Leiterinnen und Erzieherinnen dieselben Vorgänge ganz unterschiedlich interpretieren:
– Aus der Sicht der Erzieher entscheidet die Leiterin alleine und gibt Informationen nicht weiter. Aus der Sicht der Lei-

terinnen muß sie alleine entscheiden, weil sich sonst niemand darum kümmert.
– Aus der Sicht der Erzieher ist die Leiterin entlastet von der Kindergruppe und tut sich leicht mit ihren Ratschlägen. Aus der Sicht der Leiterin ist der fehlende Kontakt zu den Kindern ein großes Problem.

Es wird deutlich, daß es nicht darum geht, wer recht hat. Sicher hat jede der beiden Seiten Gründe, die Dinge so zu sehen wie beschrieben. Beim Austausch der unterschiedlichen Perspektiven entsteht etwas Verständnis für die Sicht der anderen Gruppe. Es kann versucht werden, Regelungen zur Verbesserung der Situation zu finden.

Der folgende Auszug aus einem Gespräch zwischen mehreren Leiterinnen und Erzieherinnen macht auf einige Ansätze der Klärung der Aufgabengebiete aufmerksam:

LEITERIN: Natürlich sind die Mitarbeiter von der Leiterin abhängig. Ich sehe aber so oft, daß die Konflikte nur schwelen und nie offen ausgetragen werden. Auch wenn Gelegenheit geboten wird und man auffordert, daß die Meinung gesagt wird. Da kommt nichts. Und da frage ich mich, woran das liegt. Ist es vielleicht Bequemlichkeit, weil es unangenehm ist, die Konflikte manchmal durchzustehen? Aber es heißt immer nur „es läuft schlecht", „man hat ein ungutes Gefühl"; keiner sagt, was er genau meint.
ERZIEHERIN: Aber so geht es doch auch nicht. Es nützt einfach nichts, wenn man sich hinsetzt und sagt: „So, jetzt sagt einmal jeder, was er denkt!" Das geht einfach nicht, das kann nicht gehen. Als wenn das so einfach wäre.
ERZIEHERIN; Was heißt es z. B., wenn Sie sagen, die Leiterin muß den Kopf hinhalten?
LEITERIN: Das kommt oft vor. Weil die Leiterin am Vormittag zu sprechen ist, kommen die Mütter. Ihnen paßt was nicht, sie lassen die erste Wut bei uns aus. Oder auch Auseinandersetzungen mit dem Träger. Wir müssen da soviel vorklären.
LEITERIN: Man kann sich ja mal fragen, wie man die Kompetenz und Aufgaben besser verteilt. Wieso sind wir als Leitung für alles zuständig? Kann man nicht viel mehr an die Mitarbeiter abgeben? Ich finde es z. B. nicht gerechtfertigt, daß die Leiterin den Hauptanteil der Elternkontakte übernimmt? Das ist doch Sache der Gruppenleiterin, die die Kinder genau kennt. Oder ein anderes Beispiel: Neulich kam eine Praktikantin zu mir und fragte, ob sie an einem bestimmten Nachmittag frei haben könnte. Ich habe ihr gesagt, daß ich nichts dagegen habe, daß sie dies aber mit der Erzieherin ihrer Gruppe klären müsse, weil die besser über die derzeitige Arbeitssituation informiert ist.
ERZIEHERIN: Ich glaube, so etwas würden wir begrüßen. Wenn bei Dingen, die uns direkt angehen, nicht über unsere Köpfe hinweg entschieden wird. Wenn wir auch Verantwortung übernehmen, sind wir wohl auch eher bereit, Aufgaben zu übernehmen.
ERZIEHERIN: Aber wo liegen die Aufgaben einer Leiterin bei einer sinnvollen Arbeitsverteilung. Wenn man als Gruppenerzieher Auf-

gaben und Verantwortung mit übernimmt, kann man fragen, was für die Leitung bleibt.
LEITERIN: Ich glaube, neben den Organisationsarbeiten und der Verwaltungs- und Büroarbeit, die der Gruppenerzieher im Interesse der pädagogischen Arbeit nicht übernehmen kann, haben wir wichtige Ausgleichsfunktionen.
ERZIEHERIN: Ich kann mir darunter nichts Genaues vorstellen.
LEITERIN: Es kommt soviel an Anfragen und Beschwerden. Von vielen Dingen können wir die Erzieher doch entlasten. Auf der anderen Seite gibt es in der Öffentlichkeit auch gar nicht das Bewußtsein, daß hier ein Team zuständig ist. Alles – Rückfragen, Vorwürfe, Anklagen – geht an die Leiterin. Man muß z. B. den Eltern erst mal bewußt machen, daß bei Problemen mit dem Kind nicht die Leiterin zuständig ist. Ich muß wirklich oft sagen: „Ich kann Ihnen da keine Auskunft geben, Sie müssen sich direkt an die Erzieher Ihres Kindes werden.“ Jedes Jahr, wenn neue Eltern kommen, geht das so. Das Hierarchiedenken ist so stark verwurzelt.
ERZIEHERIN: In einem kleinen Ort ist die Leiterin meist auch mehr bekannt. Es hat sich eingebürgert: Frau X ist die Leiterin des Kindergartens. Die anderen Mitarbeiter kennt man nicht.
ERZIEHERIN: Das kann auch an den Erziehern liegen, ob sie einen guten Kontakt zu den Eltern haben, ob sie mit ihnen reden, zusammenarbeiten oder nicht. Wenn eine Zusammenarbeit mit Eltern stattfindet, wenden diese sich auch an die Gruppenleiterin.
ERZIEHERIN: Aber es stimmt, daß man in der Öffentlichkeit darauf hinweisen muß, daß man als Team für vieles zuständig ist. Bei uns kam z. B. ein Lehrer von der Grundschule, mit dem wir uns im Kindergarten verabredet hatten. Er kam und wünschte die Leiterin zu sprechen. Wir sagten, das würde uns alle betreffen, und er war ganz verwundert. Inzwischen ist es selbstverständlich, nachdem er gemerkt hat, daß wir alle informiert sind.
LEITERIN: Ich kann mir aber auch einen Fall denken, wo es sinnvoll ist, daß die Leiterin Kontakte aufnimmt. Gerade zu Personen, die kein Verständnis dafür haben, daß hier mehrere Personen beteiligt werden, kann man als Leiterin den Kontakt anbahnen. So habe ich bewußt alleine den Kontakt zum Rektor unserer Grundschule aufgenommen, weil ich vermutete, daß wir nur so ins Gespräch kommen konnten. Dabei bestand auch Einverständnis im Team, weil ja hinterher alle mit einzelnen Lehrern arbeiten konnten.
LEITERIN: Solche Kontaktaufnahmen finde ich ganz unproblematisch. Bei uns ist es so, daß ich aufgrund meines Dienstalters viel mehr Personen und Institutionen kenne, mit denen wir gern Kontakt aufnehmen wollen. Da geht es dann doch einfacher, wenn ich weiß, wie man wen erreicht. Außerdem, wer hat sonst Zeit, zu telefonieren und zu schreiben?
ERZIEHERIN: Aber es muß gewährleistet sein, daß im Team die notwendigen Informationen ankommen. Die Leiterin muß dafür sorgen, daß alle Bescheid wissen und sich keiner zurückgesetzt fühlt.
LEITERIN: Dem würde ich zustimmen. Da müssen aber die einzelnen Mitarbeiter mitbeteiligt werden. Man müßte gemeinsam Regelungen finden, die für alle die wichtigen Vorgänge im Kindergarten überschaubar machen.
ERZIEHERIN: Ich habe noch ein anderes Problem. Ich habe mal in einer früheren Dienststelle erlebt, daß sich die Leiterin mit den Eltern gegen den größten Teil der Mitarbeiter verbündet hat, um ihre Interessen durchzusetzen. Was kann man in so einem Fall machen?

ERZIEHERIN: Das ist natürlich schwierig. Aber wieso konnten sich die Erzieher nicht gemeinsam wehren? Die Leiterin zur Diskussion zwingen?

LEITERIN: Einen solchen Fall finde ich ziemlich problematisch, weil ich meine, daß die Leiterin gewisse Schutzfunktionen für die Mitarbeiter hat. Ich finde es richtig, daß die ersten Emotionen ruhig an einer Stelle abgeladen werden können. Nicht, daß die Mitarbeiter ausgeschaltet werden. Aber man kann doch manche heftige Reaktion von außen abfangen. Hinterher haben sich die Wogen wieder geglättet, und man kann das Problem mit den Mitarbeitern unbefangener bearbeiten.

LEITERIN: Eines finde ich inzwischen gefährlich an der Rolle der Leiterin. Wenn sie so mit Verwaltungsarbeiten, Kontakten zu Außenstellen und Schutzfunktionen für die Mitarbeiter ausgelastet ist, verliert sie doch notgedrungen das Verständnis für die Arbeitsprobleme der Mitarbeiter. Damit gerät sie vielleicht automatisch in die Situation, über die Köpfe von den Erziehern hinweg zu entscheiden. Wir sollten überlegen, ob nicht auch die Leiterin auch eine – wenn auch zeitlich begrenzte – Arbeit in der Kindergruppe braucht.

In dem Gespräch werden verschiedene Ansätze für die Klärung des Aufgabengebietes der Leiterin deutlich:
– Die Leitung, die durch ihre Beziehungen und Ihre Stellung in der Gemeinde Außenkontakte herstellt, die sie an die einzelnen Gruppenerzieher weiterleitet;
– die Leitung, die gegenüber Eltern, Trägern und anderen Behörden eine vermittelnde und mitunter auch abschirmende Funktion hat;
– die Leitung, die mehr als organisatorische Stelle fungiert, als eine Art Beratungs- und Clearingstelle für Entscheidungen im Erzieherteam;
– die Leitung, die eher nominell bei einer Person liegt, wobei diese Erzieherin selbst eine Gruppe zu betreuen hat und Leitungsaufgaben auch auf andere Kollegen und eine Verwaltungskraft verteilt sind.
In jedem Fall geht es wohl darum, die Leiterin wieder stärker in die pädagogische Arbeit einzubeziehen und auch die anderen Erzieher an der Außenvertretung zu beteiligen.

5.7 Methodische Hilfen für die Arbeit im Team

Manche Erzieher neigen dazu, Gespräche über alltägliche Begebenheiten unterzubewerten. Dies wird oft auch bei Fortbildungsveranstaltungen deutlich. Eine Gruppe von Erziehern versuchte auf einer Fortbildungsveranstaltung über aktuelle Fragen der Arbeit im Kindergarten nachzudenken. In der sich anschließenden Tagungskritik wurde die gemeinsame Arbeit von den Beteiligten sehr unterschiedlich eingeschätzt. Die Urteile reichten über folgende verschiedene Standpunkte:

„Eigentlich ist nichts herausgekommen. Es war zwar sehr angenehm, aber wir haben nur so geredet.“
„Man hätte das Thema in einem Vortrag von einem Experten ausbreiten lassen sollen. Danach hätten wir doch erst die wesentlichen Aspekte diskutieren können.“
„In der Arbeitsgruppe ist mir erst klar geworden, wie unsere alltäglichen Erfahrungen in der Gruppe durchdacht werden müssen.“
„Ich habe sehr viel für meine Arbeit gelernt. Mit Kollegen kann man ein Thema praxisnah bearbeiten und leichter Ansatzpunkte für die eigene Arbeit finden.“

Wie kommt es, daß in einer Arbeitsgruppe, in der lebhaft diskutiert wurde, so verschiedene Meinungen über die gemeinsame Arbeit bestehen? Alle Mitglieder waren sich darin einig, daß sie entspannt und angstfrei miteinander diskutieren konnten. Über den Wert ihrer Arbeit waren sie jedoch verschiedener Ansicht; dies deshalb, weil sie jeweils mit anderen Erwartungen zur Tagung gekommen waren: Die einen erwarteten, daß die zu bearbeitenden Themen von Experten vorgetragen werden müßten und daß die Erzieher die ihnen gestellten Themen diskutieren können. Die anderen hatten eher die Erwartung, daß ihre eigenen Fragestellungen mit Kollegen ausdiskutiert werden könnten und daß Anregungen für die praktische Arbeit gewonnen würden. Je nachdem wurde die eigene Diskussion dann mit „nur so geredet“ oder als „viel für meine Arbeit gelernt“ bewertet.

Unterschiedliche Erwartungen trifft man zu Beginn von Fortbildungsveranstaltungen häufig an. Bietet die Veranstaltung vorwiegend Vorträge, wissen viele Erzieher verständlicherweise nicht, wie sie das Gehörte verarbeiten und in ihre Praxis umsetzen können. Sie kritisieren dann oft zu Recht, daß das Gebotene praxisfern ist. Gelingt es dagegen, in Arbeitsgruppen sinnvoll zu arbeiten, sind auch die Kollegen einverstanden, die mit anderen Erwartungen kamen, weil das Lernen ihrem Arbeitsfeld entspricht. So äußert sich eine Erzieherin:

„Ich finde es ungeheuer wichtig, wenn man z. B. von Zeit zu Zeit solche Diskussionsrunden besucht, wo jeder nur aus der eigenen Praxis berichtet. Was dort für Schwierigkeiten herrschen, wie die einzelnen damit fertig werden. Ich finde das so wichtig, weil doch jeder wieder auf die eigenen Probleme rückschließen kann. Dies scheint mir weit wichtiger zu sein, als ellenlange Vorträge anzuhören, wo man hernach . . ., nun, da ist man halt neben der anderen gesessen und geht dann wieder heim und voneinander, und für die Praxis, mit der man jeden Tag zu kämpfen hat, hat man eigentlich nichts mitbekommen – nur Theorie.“

Wir meinen, daß auch für die Teamarbeit im Kindergarten überprüft werden muß, mit welcher Erwartung die einzelnen an sie herangehen:
– Ist man der Meinung, daß die eigenen Gedanken nie so wichtig sein können, wie der Vortrag des Professors X?
– Ist man der Meinung, daß in der eigenen Gruppe nicht richtig gearbeitet werden kann, weil einige Kollegen nur wenig Vorbildung haben? Weil sie reden, „wie ihnen der Schnabel gewachsen ist", weil sie viele Fremdworte nicht verstehen?
– Oder ist man der Meinung, daß man gerade mit Kollegen besonders gut arbeiten kann, weil diese ähnliche Probleme haben und das Arbeitsfeld besser kennen als Außenstehende?

Oft bemängeln Erzieher an ihrer eigenen Teamarbeit, daß die Zeit verplaudert und zuwenig ernsthaft gearbeitet wird. Was heißt aber ernsthaft arbeiten? Vielleicht haben wir aus unserer Schul- und Ausbildungszeit Situationen in Erinnerung, die sich nicht einfach auf die Arbeitssituation im Berufsleben übertragen lassen? Die Praxis ist in der Regel so vielgestaltig und in sich widersprüchlich, daß es nicht ausbleiben kann, daß man sich bei der Bearbeitung von Praxisproblemen „verzettelt" oder keine klaren Lösungen findet.

Was aber tun, wenn die Teambesprechungszeit doch einmal damit vertan wird, daß einzelne Kollegen langatmig erzählen und die anderen mit ihren Fragen nicht zum Zuge kommen und gelangweilt die Zeit absitzen? Oder wenn die Diskussionsbeiträge zwar alle zum Thema gehören, aber sehr unsystematisch in die Runde geworfen werden? In so einer Situation sollte man sich Möglichkeiten suchen, durch die die Arbeit intensiviert werden kann. Hier sollen dafür einige Hilfen angeboten werden:

Wandzeitung

Eine bekannte Arbeitshilfe ist das Protokoll. Dies hat aber einen Nachteil: Nur der Protokollführer hat die Aufzeichnungen während der Sitzung vor sich. Wenn alle Diskussionsteilnehmer es lesen könnten, würde es ihnen leichter fallen, beim Thema zu bleiben, weil der „rote Faden" sichtbar ist. Deshalb der Vorschlag, für die Teambesprechung ein Protokoll nicht im Schreibblock, sondern auf einem großen Bogen Packpapier an die Wand (Wandzeitung) mit einem dicken Filzstift für alle sichtbar in Stichworten zu führen.

Strukturierte Stoffsammlung

Wenn zu einem Thema diskutiert wird – etwa zur Planung eines Themenbereichs für die Arbeit mit Kindern –, ist es hilfreich, wenn man sich vorher einige Fragen überlegt, die die Diskussion und Ideensammlung strukturieren können. Beispiele dafür, wie so etwas aussehen kann, sind die Planungsbeispiele im Abschnitt 3.4 dieses Buches. Diese Beispiele, bei denen Ideen, die im Gespräch entstanden, an einer Pinnwand mitnotiert wurden, geben Hinweise, wie Projekte mit den Kindern geplant und vorbereitet werden. Schaut man sich die Ideensammlung an, so wird eine klare Gliederung und eine Abfolge von Arbeitsschritten deutlich. Für die Diskussion selbst ist – wenn strukturierende Fragen allein sichtbar an der Wand hängen – eine strenge Reihenfolge der Argumente nicht mehr nötig, es kann spontan und nach augenblicklichen Einfällen diskutiert werden (was für viele Kollegen wichtig ist, weil sie durch eine strenge Gesprächsführung gehemmt würden). Wenn darauf geachtet wird, daß Anregungen jeweils dort notiert werden, wo sie systematisch hingehören, ist das Ergebnis einer lebendigen Diskussion festgehalten. Solch ein sichtbares Arbeitsergebnis vermittelt das befriedigende Gefühl, sehr produktiv gearbeitet zu haben. Es hilft auch, Argumente für Verhandlungen mit Trägervertretern und Eltern vorzubereiten.

Entscheidung in der Gruppe für Arbeitsschwerpunkte

Erfahrungsgemäß gibt es immer wieder Schwierigkeiten, wenn eine Gruppe überlegt, welches Thema als erstes angepackt werden sollte. Nicht selten setzt sich derjenige durch, der besonders hartnäckig auf seinen Wünschen beharrt, die anderen geben nach, sind aber verärgert und von daher nicht besonders motiviert. Oft läßt sich Ärger vermeiden, wenn folgendes Verfahren angewandt wird: Zunächst werden alle Vorschläge auf ihre einzelnen Vor- und Nachteile hin dargestellt und diskutiert. Wenn alle das Gefühl haben, zu wissen, worum es bei den Vorschlägen geht, werden sie stichwortartig auf einen Bogen Papier mit dickem Filzstift notiert; hinter jedem Vorschlag bleibt ein Feld frei. Wenn beispielsweise acht Vorschläge gemacht wurden, erhält jedes Gruppenmitglied drei selbstklebende farbige Markierungspunkte und klebt sie zu den Themenvorschlägen, die ihm am wichtigsten sind (vielleicht kann man auch das „Kumulieren“ erlauben: wer vor allem an einem Vorschlag interessiert ist, kann seine drei Punkte dort festmachen). In der Regel wird bei einem solchen Verfahren ein „Spitzenreiter“ sichtbar: der Vorschlag mit den meisten Punkten. Dieses Entscheidungsverfahren ist aber sicher nicht in allen Situationen angebracht. Manchmal wird es wichtig sein, unterschiedliche Vorstellungen länger zu diskutieren. Aber wenn es darum geht, möglichst schnell zu einer Gruppenentscheidung für einzelne von mehreren Alternativen zu kommen, kann dieses Vorgehen vorteilhaft sein: Die der Abstimmung vorangegangene Debatte kann – und soll – sich auf die Darstellung der Vorschläge konzentrieren, sie wird weniger mit dem Kampf um das Durchsetzen verknüpft. Der Vorgang der Willensbildung selbst ist sehr durchschaubar, und das Ergebnis ist nicht die Meinung eines einzelnen, sondern wird von allen Gruppenmitgliedern mitbestimmt und getragen. Vielleicht läßt sich diese Form der Willensbildung auch bei manchen Elternabenden gut einsetzen?

Beurteilung der eigenen Arbeit im Team

Ab und zu ist es hilfreich, zu überprüfen, wie die Zusammenarbeit im Team von den einzelnen Kollegen eingeschätzt wird. Wird effektiv gearbeitet? Kann jeder seinen Teil beitragen? Gibt es ungeklärte Spannungen?

Jeder weiß, wie schwer es ist, sich in einer Gruppe über die gemeinsame Arbeit zu äußern. Eine „Manöverkritik“ wird meist ausgespart, weil niemand weiß, was er sagen darf, was persönlich genommen wird, ob er von anderen angegriffen wird. Wir haben im folgenden Vorgehen gute Erfahrungen gemacht: Zunächst sammelt man in der Gruppe gemeinsam Fragen zur eigenen Arbeit und schreibt sie an Wandzeitungen. Solche Fragen können beispielsweise sein:
– Was hat mir an der bisherigen Arbeit gefallen?
– Was hat mir an der bisherigen Arbeit nicht gefallen?
– Welche Inhalte wurden zu breit behandelt?
– Welche Inhalte wurden zu kurz behandelt?
– Welche Inhalte sollen bald bearbeitet werden?
– Was hat mir an der Atmosphäre in unserer Gruppe gefallen?
– Was hat mir an der Atmosphäre in unserer Gruppe nicht gefallen?
– Was sollte in Zukunft anders gemacht werden?

Nun überlegt sich jeder, was ihm zu den einzelnen Fragen einfällt und schreibt jeden Kritikpunkt, jede Anregung einzeln auf einen kleinen Zettel, der dann zu der entsprechenden Frage auf die Wandzeitung geheftet wird. Was ist der Vorteil dieses Vorgehens?

– Die verschiedenen Meinungen und Anregungen ergeben ein vielseitiges Bild zur Situation in der Gruppe, das in einem Gespräch nicht so leicht hergestellt werden kann. Es kommt nicht so sehr darauf an, *wer* etwas gesagt hat, sondern *was* gesagt wird.

– Kritik auf diese Weise geäußert, wird nicht so leicht persönlich. Derjenige, der Kritik übt, wird nicht sofort persönlich abgewehrt. Häufig äußern mehrere die gleiche Kritik: Sie können nicht so schnell vereinzelt und zurückgewiesen werden.

– Es kommen viele Anregungen für das weitere Vorgehen: Auch die Kollegen, die sich im Gespräch eher zurückhalten, bringen Anregungen ein. Auch solche Anregungen, die im Gespräch oft aus sachfremden Gründen zurückgewiesen werden, stehen der Gruppe zur Verfügung.

– Wenn die einzelnen Meinungen je nach Inhalt zusammengestellt werden, hat die Gruppe eine breite Argumentationsbasis, mit der sie sich auseinandersetzen muß und auch viel eher kann, als wenn „Manöverkritik" zum beleidigenden Schlagabtausch führt.

Entscheidungsfindung bei organisatorischen Fragen

In jedem Erzieherteam ist es wichtig, Entscheidungen und Arbeitsverteilungen für die mehr organisatorischen Belange einer Einrichtung zu finden. Für solche Arbeitsvorhaben, bei denen es um schnelle Entscheidungen und um möglichst geschicktes Vorgehen im Interesse der eigenen Ziele geht, sollte man sich sehr genau überlegen, wie man im einzelnen verfährt. Eine entscheidende Hilfe für die gemeinsame Arbeit besteht darin, daß man das anstehende Problem für die Diskussion vorstrukturiert und allen sichtbar macht. Dies soll an einem Beispiel verdeutlicht werden. Nehmen wir einmal an, in einem Kindergarten soll die Außenfläche pädagogisch sinnvoll umgestaltet werden. Es gibt Wünsche, Vorstellungen, Bedenken, aber bisher hat man sich noch nicht eingehend mit dieser Frage beschäftigt. Wie kann man nun eine Diskussion im Team zu dieser anstehenden Frage vorstrukturieren, damit die Gruppe möglichst überschaubar zu Lösungen und Aufgabenverteilungen kommen kann?

Folgende Problemanalyse – an die Wandzeitung geschrieben – wäre denkbar:

I. Wie ist die derzeitige Situation?

Aus der Sicht	positiv	negativ
der Kinder		
der Eltern		
der Nachbarn		
der Erzieher		

II. Welche neuen Möglichkeiten gibt es?
Mit welchen Vor- und Nachteilen sind sie verbunden? (Erfahrungen anderer Kindergärten; Anregungen aus der Literatur)

	positiv	negativ
A		
B		
C		

Wenn es bei dieser Frage keine klaren Vorstellungen gibt, ist es sinnvoll, weitere klärende Gespräche mit Kindern und Eltern zu führen, sich in anderen Kindergärten umzuschauen, sich durch Literaturhinweise oder Kataloge anregen zu lassen. Wenn es zu viele verschiedene Vorstellungen gibt, wäre vielleicht eine Vorentscheidung für einige Vorschläge notwendig.

III. Welche Spielgeräte und Anlagen sollten gekauft bzw. geschaffen werden?
a) Sammlung von Wünschen
b) Erstellung einer Prioritätenliste (z. B. mit der schon beschriebenen Punktbewertung)

Bevor die nächste Frage angegangen wird, müssen Prospekte von Firmen mit Preislisten vorliegen:

IV. Welche Kosten sind mit der Verwirklichung des Plans verbunden?
a) Anschaffung, Anlage
b) Pflege, Unterhalt.

Eine wichtige Frage für die Durchsetzung von geplanten Veränderungen ist, wer außerhalb des Erzieherteams den Plan unterstützen oder ablehnen wird. Diese Frage ist deshalb wichtig, weil man sich eine Strategie für das weitere Vorgehen überlegen und Partner für die eigenen Interessen suchen muß.

V. Wer wird den Plan
a) unterstützen? – Mit welchen Argumenten?
b) ablehnen? – Mit welchen Argumenten?
c) weder unterstützen noch ablehnen? – Mit welchen Argumenten?

VI. Wieviel Geld
a) steht zur Verfügung?
b) könnte eventuell beschafft werden? – Wodurch? (Spenden? – Wer von den Befürwortern des Plans käme in Frage? Hat jemand Beziehungen zu einer Firma, die sich interessieren könnte? . . .)
c) könnte durch Verzicht auf das eine oder andere Gerät gespart werden? (Wünsche von II A noch einmal auflisten und mit Preisen versehen; möglicherweise verändert sich nun die Prioritätenliste:

man gewinnt Gruppenurteil über die am ehesten entbehrlichen Geräte).
d) könnte durch Selbstherstellung – unter Einbezug von Eltern – gespart werden?

Bei der nächsten Frage geht es darum, andere Personen, insbesondere Eltern und Träger, in die Planung und Realisierung einzubeziehen:

VII. Wer hat gute Kontakte / kann gut umgehen mit . . .?

Name	Zielperson	Wirksame Argumente

VIII. Tätigkeitskatalog

Wer macht: Name	was: Tätigkeit	zusammen mit wem:	wann:

Das Ergebnis der Gruppenarbeit ist ein Tätigkeitskatalog, in dem genau vermerkt ist, was getan werden muß, und wer es im einzelnen macht. Somit ist die Durchführung des Vorhabens transparent und überprüfbar. Der Vorteil einer solchen Problemgliederung liegt darin, daß das Problem überschaubar wird und man sich leichter zutraut, es in einzelnen Schritten zu lösen. Jeder Beitrag wird, wenn er in der Runde einigermaßen abgeklärt ist, in dem großen Protokoll festgehalten. Wenn es einmal kontroverse Meinungen gibt, die schwer ausdiskutierbar sind, werden beide Meinungen festgehalten: der Konflikt bleibt, aber er blockiert nicht die weitere Diskussion.

5.8 Auswirkungen der Teamarbeit auf die Arbeit in der Einrichtung

Jeder einzelne Erzieher wird aus der Verständigung im Team profitieren, denn Lernprozesse, die jeder im Lauf der täglichen Arbeit durchmacht, können den Kollegen mitgeteilt und Probleme, die sich in der Arbeit stellen, können ihnen geschildert werden. „Acht Leute finden eben mehr als einer", meinte die bereits zitierte Erzieherin, die sich über die mangelnde Kommunikation in ihrem Kindergarten beklagt hatte. – Man wird auch entdecken, welchen Wert es hat, allein schon ein Praxisproblem für die anderen Kollegen so darzustellen, daß diese verstehen, worum es geht. Oft gewinnt man dabei ein Stück Klarheit oder zumindest Fragerichtungen, die den anderen wieder die Mitarbeit erleichtern.

Mehrere Teams haben sich z. B. auf ihren Teambesprechungen Zeit für sogenannte „Einzelfallbesprechungen" freigehalten. Hier überlegen sich die Kollegen gemeinsam, wie man mit besonders schwierigen Kindern umgehen könnte. Der Erzieher, in dessen Gruppe so ein Kind ist, meldet an, daß in der nächsten Sitzung darüber gesprochen werden sollte. Damit haben auch die Kollegen Zeit, Eindrücke über dieses Kind zu sammeln, vielleicht auch einmal in der betreffenden Gruppe zu hospitieren, um das Kind in der Gruppe zu erleben.

Unter Umständen wird sich dann im Teamgespräch, nachdem der zuständige Erzieher seine Schwierigkeiten mit dem Kind geschildert hat, herausstellen, daß anderen Kollegen etwas ganz anderes aufgefallen ist. Der eine könnte beispielsweise ein zurückhaltendes Kind als schüchtern und antriebsarm ansehen, ein anderer, der neu hinzukommt, würde vielleicht entdecken, daß die Erwachsenen in ihrer Überbesorgnis diesem Kind gar keine Möglichkeit geben, selbst einmal aktiv zu werden.

In einem Kindergarten kamen die Erzieher im Verlauf einer Teambesprechung zur Entscheidung, ein Kind für einige Zeit in eine andere Gruppe einzuteilen. – Dieser Junge war in seiner bisherigen Gruppe in eine unangemessene (und vor allem für ihn selbst recht ungünstige) Führungsposition geraten, in der er andere einzuengen und zu gängeln versuchte, wobei er selbst letztlich immer mehr vereinzelte.
Die Erzieherinnen hatten in ihrem Gespräch festgestellt, daß es in dieser Gruppe kein Kind gab, das diesem Jungen an körperlicher Stärke, Sprachgewandtheit und Durchsetzungsvermögen gleichkam. So kam es ständig zu Konfrontationen zwischen der Erzieherin, die andere beschützen wollte, und diesem Jungen.
Eine Kollegin bot deshalb an, den Jungen in ihre Gruppe aufzunehmen, in der mehrere ähnliche Kinder waren. Auch die anderen Erzieher im Team sprachen sich für diesen Vorschlag aus. Trotzdem bedeutete das für die Erzieherin aus der bisherigen Gruppe dieses Jungen keinen Mißerfolg, etwa den, mit ihm „nicht fertig" geworden zu sein. Im Team wurde dann noch überlegt, wie man diese Maßnahme gegenüber den Eltern dieses Jungen begründen könnte: Hier war nämlich zu erwarten, daß sich die Eltern – sie waren sehr stolz auf ihren Sohn – dagegen wehren und allein der bisherigen Erzieherin die Schuld an seinem Verhalten zuschieben würden.
In einer anderen Einrichtung haben wir erlebt, daß ein 7jähriges lernbehindertes Kind praktisch von allen Mitarbeitern betreut wurde. Dieser Junge war körperlich sehr weit entwickelt, geistig jedoch entsprach er einem 3jährigen. In einer einzigen Kindergruppe wäre der Junge nicht tragbar gewesen, weil er nach kurzer Beschäftigungszeit unruhig wurde und den Raum verlassen wollte. Man hatte schon daran gedacht, den Jungen deshalb nach der Zurückstellung von der Schule nicht mehr anzunehmen. Aber da es in dem Ort keine andere Unterbringungsmöglichkeit für das Kind gab und die Familie überfor-

dert gewesen wäre, das Kind ganztags zu betreuen, suchte man nach anderen Möglichkeiten.
Es wurde überlegt, daß die einzelnen Kindergruppen ohnehin soweit offen sind, daß einzelne Kinder für kurze Zeit auch einmal in andere Gruppen gehen können. Warum, wurde gefragt, kann man einen Gruppenwechsel bei diesem einen Kind nicht akzeptieren? Denn der Junge wurde von den jüngeren Kindern wegen seiner körperlichen Stärke durchaus geschätzt, er beteiligte sich auch kurze Zeit an Spielen; er mußte nur die Möglichkeit haben, immer wieder einen neuen Ort aufzusuchen, weil er es nie lange bei einer Tätigkeit aushielt. So versuchte man, ihn als Mitglied aller Gruppen zu begreifen. Der Junge lernte, sich jeweils bei den Erziehern ab- und anzumelden. Alle Mitarbeiter fühlten sich für ihn zuständig. Man ließ ihn auch gewähren, wenn er ab und zu im Mitarbeiterzimmer zuhörte und zuschaute. Nach einiger Zeit gewann man den Eindruck, daß dieses Verfahren nicht nur durchführbar war, sondern daß sich auch das behinderte Kind dabei sehr wohl fühlte und durch die größere Selbständigkeit und die selteneren Disziplinierungsmaßnahmen sogar gefördert wurde.

Teamarbeit kann helfen, das eigene Erziehungsverhalten besser einzuschätzen. Wenn irgend möglich, sollten die Erzieher Gelegenheiten wahrnehmen, einander bei der Arbeit in der Gruppe zu beobachten und die so gewonnenen Eindrücke zu besprechen. Je selbstverständlicher solche Hospitationen werden und je mehr sie auf Gegenseitigkeit beruhen, desto eher wird man auch Gesprächsmöglichkeiten finden, bei denen sich der Beobachtete nicht angegriffen fühlen muß. Man wird in jedem Fall merken, daß es nicht *das* richtige Verhalten in einer Situation gibt, sondern jeder plausible Gründe für sein individuelles Vorgehen nennen kann und gleichzeitig jeder ein Stück Blindheit gegenüber dem eingefahrenen Alltagsgeschehen hat. Solche gegenseitige Korrektur und Verbesserung des Erziehungsverhaltens bietet nicht zuletzt ein Übungsfeld für offene Gespräche mit Eltern.

So verstanden bleibt Teamarbeit nicht stecken in der Klärung von organisatorischen Fragen, sondern wird zum Forum für die *interne Fortbildung der Mitarbeiter:* Die Reflexion der täglichen Arbeit als eine Form der Professionalisierung kann an vielen Punkten zusammen mit den Kollegen intensiver geleistet werden. Auch Planungen, in denen die Lebenswirklichkeit der Kinder unter möglichst vielen Aspekten auf Lernnotwendigkeiten und -ansätze hin untersucht wird, werden reichhaltiger ausfallen, wenn mehrere Erzieher (und auch Eltern) ihre Ideen einbringen. Von solchen gemeinsamen Planungen profitiert nicht nur einer; die anderen werden durch sie ebenfalls zu neuen Überlegungen und Ansätzen gelangen. Umgekehrt kann man Kollegen auch über durchgeführte Projekte informieren, über Vorgehensweisen, die sich bewährt haben (z. B. wie man am besten Kontakt zur Grundschule aufnimmt) und Mißerfolge, die sich aller Voraussicht nach in einer anderen Gruppe ähnlich wieder einstellen können (z.B. wenn ein kompliziertes Vorhaben mit zuvielen Kindern durchgeführt würde). Auch Vorbereitungsunterlagen für bestimmte Projekte können für andere Gruppen als die ursprünglich bestimmten durchaus nützlich sein. Wenn z. B. eine Gruppe viele Gebrauchsgegenstände für Krankenhausspiele besorgt hat, könnten diese von einer anderen Gruppe mitbenutzt werden, falls dort Interesse für sie besteht. Wenn eine Erzieherin Elterngespräche zu Erziehungsschwierigkeiten auf Tonband aufgenommen hat, können diese Aufnahmen auch den anderen Erziehern Anregung sein, und wenn eine Erzieherin sich speziell mit einem Fachbuch oder einem Artikel beschäftigt hat, kann sie die für sie wichtigen Gedanken an die anderen weitergeben.

Die Möglichkeiten für eine interne Fortbildung der Mitarbeiter sind vielfältig. Aus den wenigen Vorschlägen, die wir im folgenden anführen, wird aber bereits deutlich, daß solche Formen der Zusammenarbeit zu mehr Zufriedenheit am Arbeitsplatz beitragen können.

– Man kann überlegen, ob nicht einige Kollegen die Aufgabe übernehmen können, gewünschte Themen für die Mitarbeiterbesprechung vorzubereiten: Material sammeln, Literaturhinweise suchen, mit Kindern etwas besprechen oder erproben. Für solche Vorbereitungsarbeiten lassen sich vielleicht zeitweise Freistellungen von der Kinderarbeit arrangieren.

– In manchen Kindergärten gibt es eine fachliche Arbeitsteilung. Das heißt nicht, daß die einzelnen Erzieher wie Fachlehrer nur bestimmte Angebote machen, sondern daß sich einzelne für bestimmte Gebiete speziell interessieren und ihren Wissens- und Erfahrungsvorsprung an die Kollegen weitergeben: Einer ist vielleicht für gymnastische Übungen besonders einfallsreich, der andere interessiert sich dafür, wie musikalische Erziehung in die Kindergartenarbeit integriert werden kann, wieder ein anderer kennt sich besonders gut in der Kinderliteratur aus und kann dazu Hinweise geben.

– Die Arbeit mit den Praktikanten, deren Anleitung eine Verbindung von theoretischem Wissen und praktischer Erfahrung bedeutet, kann für das ganze Team zur sinnvollen Fortbildung werden.

– Schließlich ist es möglich, daß diejenigen, die Fortbildungsveranstaltungen besuchen, ihre Eindrücke und das Gelernte an die anderen weitervermitteln. Auf diese Weise bleibt das ganze Team in Bewegung, und es besteht nicht so leicht die Gefahr, daß die Arbeit zur Routine erstarrt.

Nicht nur bei der Planung, sondern auch für die unmittelbare Arbeit mit der Kindergruppe bringt mehr Teamarbeit Erleichterung. Eine Erzieherin meinte dazu:

„Ich habe das bei uns beobachten können. Von meiner Warte aus gesehen, hat sich auch viel in den Gruppen geändert in der Art und Weise, wie wir jetzt mit den Kindern umgehen: und zwar meine ich, daß auch die Kinder mehr Verantwortung mittragen dürfen und ein Stück selbständiger geworden sind. So wie wir im Team mehr Verantwortung übernommen haben, haben wir ein ähnliches Arbeitsklima auch für die Kinder langsam schaffen können. Es gibt weder im Team noch in der Gruppe den einen, der sagt und verantwortet, was da abläuft; da sind jeweils mehrere oder alle beteiligt."

Hier wird festgestellt, daß sich die notwendigen Veränderungen bei der Entwicklung der Teamarbeit auch auf die Arbeit mit den Kindern ausgewirkt haben. Umgekehrt kann man sich auch vorstellen, daß bestimmte Arbeitsformen in der Kindergruppe direkt auf die Notwendigkeit einer verstärkten Abstimmung mit den Kollegen verweisen. Beispielsweise hängt die Arbeit in Kleingruppen wesentlich davon ab, ob man sich mit der zweiten erwachsenen Bezugsperson in der Gruppe absprechen kann. Ist in einer Gruppe nur eine erwachsene Bezugsperson, so wäre es dann eher möglich, gezielte Angebote für Kleingruppen oder auch aufwendigere Unternehmungen mit nur wenigen Kindern vorzusehen, wenn die anderen währenddessen in eine andere Gruppe ausweichen könnten. Kann man derartige Ansinnen an Kollegen überhaupt richten? Wird man nicht damit rechnen müssen, daß sie mit ihrer eigenen Gruppe genügend ausgelastet sind?

Bis jetzt ist es in vielen Kindergärten noch üblich, daß die Kinder der einen Gruppe die der anderen und deren Erzieher kaum kennen. Von wenigen Ausnahmen abgesehen, arbeiten die einzelnen Gruppen noch voneinander isoliert. Werden wirklich einmal kurzfristige Gruppenveränderungen nötig, etwa durch Krankheit einer Erzieherin oder wegen einer Fortbildungsveranstaltung, müssen sich die Kinder ohne jede Vorbereitung in einer für sie fremden Gruppe zurechtfinden. Wäre es deshalb nicht sinnvoller, Kinder verschiedener Gruppen bereits vorher in weniger belastenden – freiwillig gewählten – Situationen miteinander in Kontakt zu bringen? Anlässe gibt es genug: ein gemeinsames Fest, gegenseitige Einladungen, ein von den Kindern organisierter

Spielzeugtausch. Je mehr Kommunikation zwischen den einzelnen Mitarbeitern eines Teams besteht, desto weniger werden die einzelnen Gruppen voneinander abgeriegelt arbeiten müssen, und um so eher ist es möglich, die Gruppen untereinander zu öffnen. Aber auch dann bleibt es noch wichtig, daß die Kinder sich einer bestimmten Gruppe zugehörig fühlen. Die Kinder profitieren von dieser Öffnung, sie erfahren eine größere Anregungsumwelt, z. B. durch Freundschaften zu Kindern aus anderen Gruppen und die Begegnung mit anderen Erziehern. Halten sich die Kinder erst einmal an zu treffende Regelungen, führt die Öffnung der Gruppen für den Erzieher zu einer wesentlichen Arbeitserleichterung. Voraussetzung dafür ist, daß sich die Kollegen untereinander abstimmen, daß sie eventuelle Rivalitäten (z. B. wer „beliebter" ist) im Team abklären und daß mit den Kindern Regelungen getroffen werden, die ein notwendiges Maß an Überschaubarkeit gewährleisten (z. B. sich in der einen Gruppe an- und in der anderen abzumelden).

In einer Einrichtung (zwei Kindergarten- und drei Hortgruppen) verschafften sich die Kindergarten-Erzieher dadurch bessere Arbeitsbedingungen, daß sie die Schiebetür zwischen den beiden Gruppenräumen öffneten. Den Erziehern brachte diese Lösung mehr Kommunikationsmöglichkeiten, den Kindern ein reichhaltigeres Material- und Beschäftigungsangebot. Trotzdem wußte jedes Kind, zu welcher Gruppe es gehört.

Mancher mag einwenden, daß mit solchen Regelungen lang erkämpfte Errungenschaften – z. B. die Arbeit in kleinen Gruppen mit stabilen Bezugspersonen – leichtsinnig aufs Spiel gesetzt werden. Sollen Kinder denn wieder in einem anonymen Massenbetrieb versorgt werden, nur damit die Erzieherinnen den Kontakt untereinander verstärken können? Dazu muß ausdrücklich betont werden, daß die Öffnung der Gruppen oder kurzfristige Gruppenzusammenlegungen mit dem Ziel der Arbeitserleichterung nur soweit sinnvoll sind, wie die Kinder sich dabei wohlfühlen; eine gewisse Gebundenheit und Verantwortungsbereitschaft in der eigenen Gruppe sind sicher die Grundlagen für weitere Kontakte. Außerdem muß man bedenken, daß die Gefahr der anonymen Massenbetreuung sich verringert, wenn mehr in Untergruppen gearbeitet wird, die Räume gegliederter und wohnlicher werden und damit auch mehr Wert auf die Kontakte der Kinder untereinander gelegt wird.

Zuletzt soll noch ein Problem angesprochen werden, das an dieser Stelle ganz sicher nicht ausdiskutiert werden kann: die Frage der Aufsichtspflicht. Sie muß in der allernächsten Zeit geklärt werden, denn bei den meisten Erziehern herrscht Unsicherheit darüber, welche Arbeitsweisen man sich mit der Gruppe unter dem geltenden Recht erlauben kann. Was hat diese Frage mit der Teamarbeit zu tun?

Eine Arbeitsweise, wie sie hier vorgeschlagen wird, läßt den Kindern viel Freiraum. Der Erzieher hat bei der Arbeit mit Kleingruppen in der Regel nicht soviel Überblick über die Gruppe wie bei traditionellen Beschäftigungsformen, und die räumliche Gliederung und Ausstattung der Gruppenräume (etwa mit Werkzeugen) bringt eine Reihe von zusätzlichen Risiken. Erzieher, die mit ihrer Gruppe bereits länger so arbeiten, machten die Erfahrung, daß die Verletzungsgefahr und das Risiko, daß einzelne Kinder sich unverantwortlich verhalten, in ihren Gruppen nicht größer als bei der üblichen Arbeitsweise waren. Es hatte sich sogar gezeigt, daß die Kinder hier durch selbständigeres und umsichtigeres Handeln allmählich gelernt hatten, für andere mitzudenken und daß dadurch die Unfallhäufigkeit eher verringert wurde. Ein Risiko wird allerdings bei dieser Arbeitsweise größer: Der Erzieher muß sich eher auf Vorwürfe von Kollegen und Eltern gefaßt machen, wenn etwas passiert ist. Dann kann leicht argumentiert werden, der Erzieher habe seine Aufsichtspflicht nicht genug ernst genommen und den Kindern zuviel zugemutet, obwohl dieser Vorwurf grundsätzlich immer gemacht werden kann, wenn nicht gerade alle Kinder im überschaubaren Stuhlkreis sitzen. Deshalb ist es wichtig, daß sich die Mitarbeiter gemeinsam verantwortbare Erziehungsmaßstäbe erarbeiten. Umgekehrt heißt das: Ein Erzieher, der damit rechnen muß, daß die Kollegen ihm ohne genauere Prüfung der Ursachen die Schuld zuschieben, wenn etwas passiert ist, kann gar nicht wagen, eingespielte und überschaubare Arbeitsformen zu verlassen. Nur wenn er weiß, daß seine Arbeit von den anderen Kollegen mitgetragen wird, ist es möglich, neue Vorgehensweisen zu erproben. Eine gemeinsame Basis aller Mitarbeiter entwickelt sich aber nicht durch ein falsch verstandenes Verdecken von Fehlern, sondern durch die permanente kritische Diskussion, in der jeder seine Unsicherheiten erkennt und Lernmöglichkeiten nutzen kann.

6 Zur Professionalisierung von Erziehern

6.1 Professionalisierung der Erzieher – was kann man darunter verstehen?

In Diskussionen um die weitere Entwicklung im Elementarbereich ist immer wieder davon die Rede, daß eine Professionalisierung des Erzieherberufs nötig ist. Professionalisierung muß an verschiedenen Punkten der Berufswirklichkeit der Erzieher im Kindergarten ansetzen. Es geht dabei sowohl um die Klärung des Berufsbildes und des beruflichen Selbstverständnisses der Erzieher wie auch um die Erhöhung der beruflichen Fachkompetenz. Dabei umfaßt die berufliche Fachkompetenz nicht nur den Umgang mit den Kindern, sondern auch die Gestaltung der Arbeit mit Eltern und anderen Erwachsenen, die den Kindern erfahrenswerte Eindrücke vermitteln können. Sie umfaßt auch die Organisation der Arbeit in der Einrichtung in Zusammenarbeit mit Kollegen und Träger.

Der Begriff „Professionalisierung"[1] erhält somit einen Inhalt, der sich aus den derzeitigen Anforderungen des Berufsfeldes ergibt: Professionalisierung bedeutet nicht nur, daß die Erzieher ihr fachspezifisches Wissen erhöhen und formale Qualifikationen bescheinigt bekommen, sie bedeutet hauptsächlich, daß Praktiker lernen, das vorgefundene Praxisfeld nicht als unveränderlich zu verstehen, sondern in ihm aktiv weitere Handlungsmöglichkeiten erschließen. So verweist die Forderung nach einer Professionalisierung des Erzieherberufs auf verschiedene Ziele: Grundsätzlich geht es um die Anhebung des Berufsbildes in der Öffentlichkeit wie auch um die der Selbsteinschätzung der Erzieher. In engem Zusammenhang damit stehen sowohl die Notwendigkeit, mit anderen Pädagogenberufen (Lehrer, Sozialarbeiter, Erziehungsberatung, Volkshochschuldozenten) und mit Eltern in einen intensiveren Erfahrungsaustausch als bisher zu kommen, als auch die Forderung nach einer breiteren berufspolitischen Interessenvertretung. Längerfristig ist die Verbesserung der Ausbildung für die Anforderungen des Berufsfeldes in Angriff zu nehmen, mittelfristig könnten weitere Fortbildungsmöglichkeiten mit dem

(1) Der Begriff „Professionalisierung" kommt aus dem englischen Sprachgebrauch. Dort werden solche Berufe „professions" genannt, die ein besonders hohes Maß an Ausbildung, Ansehen und Einfluß aufweisen. Ein Beispiel dafür ist etwa der Beruf des Arztes. Im deutschen Sprachgebrauch wird der Begriff „Professionalisierung" etwas anders verwendet. Man versteht darunter die Entstehung und Veränderung von spezifischen Berufsbildern.

Ziel geschaffen werden, die Erzieher für die erhöhten Anforderungen der Arbeit im Elementarbereich auszurüsten. Kurzfristig schließlich kann damit begonnen werden, in Zusammenarbeit mit den Mitarbeitern der eigenen Einrichtung und anderer Einrichtungen die Fortbildung im eigenen Arbeitsfeld aktiv anzugehen, und zwar durch eine pädagogische Gestaltung der Einrichtung Kindergarten auf der Ebene der Kinder wie auch der Erwachsenen. Gerade auf dieses kurzfristig anzugehende Ziel der Professionalisierung wollen die Anregungen in diesem Buch aufmerksam machen, damit möglichst bald eine Anhebung der beruflichen Fachkompetenz erreicht und sichtbar wird. Dies ist wichtig, weil trotz vielfältiger Reformanstrengungen im Elementarbereich Berufsbild und Selbstverständnis des Kindergartenerziehers noch unklar sind.

Bis vor kurzem wurde allgemein die Meinung vertreten, der Kindergarten sei der Ort, an dem überlastete Mütter ihre noch nicht schulpflichtigen Kinder für einige Stunden am Tag aufgehoben wissen. Mit Spielen und abwechslungsreichen Beschäftigungen würden die Kinder behutsam bis zur Schulreife betreut und könnten hier im Kreise Gleichaltriger erste Erfahrungen mit weiteren gesellschaftlichen Gruppen als der ihnen bisher vertrauten eigenen Familie machen. Erst im siebten Lebensjahr – mit Beginn der Schule – setze dann die systematische Förderung der intellektuellen Fähigkeiten ein. Nicht zuletzt wegen der mangelnden pädagogischen Förderung in übergroßen Gruppen wurde der Kindergarten als „Aufbewahrungsort" kritisiert. Zwar darf auch heute diese Aufgabe des Kindergartens nicht unterbewertet werden – die Wirklichkeit in Tagesstätten beweist dies täglich –, doch erschöpft sich der Erziehungsauftrag des Kindergartens nicht allein darin.

Erkenntnisse über die Lernfähigkeiten der Kinder im vorschulischen Alter haben gezeigt, wie wichtig es für ihre weitere Entwicklung gerade in den ersten Lebensjahren – also vor Schulbeginn – ist, ob und in welcher Weise sie gefördert werden. Es hat sich erwiesen, daß Kinder, die in den ersten sechs Lebensjahren nicht genügend Anregungen und Lernchancen haben, ihre Entwicklungsrückstände später nicht mehr ausgleichen können.

Ausgehend von dieser Einsicht legte der von der Bundesregierung beauftragte Deutsche Bildungsrat 1970 den „Strukturplan für das Bildungswesen" vor. Unter der Forderung nach Chancengleichheit wurde dort erstmals ein

Bildungsgesamtplan entworfen, der die Erziehung vom Kindergarten bis hin zur Berufsausbildung umfaßt. Die institutionalisierte Erziehung der Kinder zwischen drei und sechs Jahren wurde damit als gesellschaftlich notwendige Aufgabe anerkannt; der Kindergarten gilt als bedeutender Bildungsbereich, der seinen Stellenwert als familienergänzende Erziehungseinrichtung für Kinder im Vorschulalter hat. Doch noch immer herrscht in der breiten Öffentlichkeit eine Einschätzung des Erzieherberufs vor, die diesem Auftrag des Kindergartens nicht entspricht. Noch 1971 wurde geschrieben:

„Kindergärtnerin ist (. . .) ein Frauenberuf ganz besonderer Art. Ihn auszuüben gilt eigentlich nur als eine angenehme Art, sogenannte weibliche Urinstinkte wie das Hegen und Pflegen von Kindern zu befriedigen und sich im übrigen sehr praktisch und nützlich auf die eigentliche Bestimmung der Frau, Hausfrau und Mutter vorzubereiten.
Diese Vorstellung ist in der Bevölkerung lebendig und sie wird offiziell propagiert. In der neuesten Ausgabe (1971) der Berufskundlichen Informationen der Bundesanstalt für Arbeit wird zwar mitgeteilt, daß in fast allen Bundesländern nunmehr an die Stelle der Kindergärtnerin die Erzieherin getreten sei. Gleichzeitig heißt es aber, die Bezeichnung Kindergärtnerin sei doch symbolischer gewesen, weil sie ‘die Aufgabe dieses Berufszweiges angesprochen (hat): Kinder zu behüten und zu umsorgen‘. Und idyllisch auf die Mutterrolle abhebend, wird von der ‘liebevollen Zuneigung‘ geschrieben, mit der die ‘manchmal wilden, auch schlecht erzogenen Kinder‘ gefördert werden sollen. Neben der liebevollen Zuneigung werden an beruflichen Qualifikationen von der für die Berufsberatung zuständigen Berufsbehörde nur noch ‘Freude am Spiel und schöpferische Tätigkeit‘ verlangt. Dieser Einordnung des Berufs als Frauenberuf mit besonderer ehe- und familienfördernder Note ist auch ein wesentlicher Teil der Widerstände gegen eine Verbesserung und Verlängerung der Erzieherausbildung zu verdanken, denn in eine Berufsausübung, die nur als Vorbereitung auf und als Übergang in die Ehe verstanden wird, darf natürlich nur das Minimum an Kapital investiert werden, das zur leidlich befriedigenden Arbeitsleistung erforderlich ist“ (Frister 1972, S. 39).

Erzieher sehen sich heute noch immer mit einer geringschätzigen Bewertung ihrer Arbeit konfrontiert. Noch immer wird die Erziehung des Kleinkindes vielfach als Aufgabe gesehen, die angeblich jeder leisten kann, denn, so wird argumentiert, alle Eltern werden vor diese Aufgabe gestellt, ohne für sie eigens ausgebildet zu werden. Erziehung im Kindergarten wird – in diesem Verständnis – auch lediglich als Ersatz für die eigentlich bessere Familienerziehung betrachtet. Dazu die Äußerungen einiger Erzieher auf einer Fortbildungsveranstaltung:

„Die soziale Stellung der Kindergärtnerin ist ziemlich schlecht. Ich glaube, das kommt größtenteils daher, daß die Ausbildung nicht gut war."
„Ich denke, das liegt daran, daß es ein ausgesprochener Frauenberuf ist."
„Die Leute glauben ja, in der Ausbildung und im Beruf würde überhaupt nichts von uns verlangt. Wie oft habe ich schon hören müssen: Die ist gerade noch Kindergärtnerin geworden. Entweder hat sie nichts Besseres geschafft oder sie wollte halt die Zeit überbrücken, bis sie heiratet."
„Ja, und dann die Vorstellung, Kindergärtnerinnen müßten nur so ein bißchen auf die Kinder aufpassen. Die bräuchten dabei nichts anderes zu tun als da rumsitzen und schauen. Ein paar Spielchen machen und Ostereier anmalen. Dabei lernen sie dann, mit Kindern umzugehen, was sie später ganz gut brauchen können" (Schrader 1975, S. 111).

Setzen wir dazu in Beziehung, was der Deutsche Bildungsrat als notwendige Qualifikation für Erzieher formuliert:

„– Sie muß den Entwicklungsstand und die Entwicklungsvoraussetzungen des einzelnen Kindes beurteilen und die individuellen pädagogischen Hilfen bestimmen können;
– sie muß die Gruppenprozesse beobachten und lenken können und in Abstimmung mit den Lernzielen in der Lage sein, die Gruppenzusammensetzung beweglich zu gestalten;
– sie muß das didaktische Material kennen und funktionsgerecht einsetzen können; wenigstens die Kindergartenleiterin sollte darüber hinaus in der Lage sein, an der Entwicklung und Erprobung didaktischer Materialien und curricularer Reformen aktiv mitzuwirken;
– sie muß mit ausgearbeiteten Curricula sachgerecht umgehen und selbständig Pläne für die Programmgestaltung entwerfen können, fördernde Möglichkeiten für die Kinder müssen im einzelnen erkannt und genützt werden;
– sie sollte Kriterien und Methoden entwickeln und anwenden können, um den Erfolg der eigenen Arbeit zu überprüfen;
– sie muß im Umgang mit behinderten und benachteiligten Kindern verantwortungsvoll handeln können" (Deutscher Bildungsrat 1970, S. 118).

Die in den Empfehlungen der Bildungskommission genannten Aufgaben, die das komplexe Feld der Erziehungsaufgaben sicher nicht ausreichend beschreiben können, machen bereits deutlich, wieviel an beruflichem Können vom Erzieher im Elementarbereich verlangt wird. Wenn die Aufgabe der Erziehung im Kindergarten ernst genommen wird, reicht es nicht aus, daß ein Erzieher „gut mit kleinen Kindern umgehen kann". Vielmehr sind berufliche Qualifikationen erforderlich, die nicht nur durch eine einmalige Ausbildung erreicht werden können – zumal die bisher übliche Ausbildung den Anforderungen der Praxis keineswegs entspricht und sehr revisionsbedürftig ist.

Die Fähigkeit, allgemeine Erziehungsvorstellungen auf die Erfordernisse und die gegebenen Möglichkeiten im jeweils vorgefundenen Praxisfeld zu beziehen, kann in der Ausbildung nur angebahnt werden. Sie wird in der Auseinandersetzung mit der täglichen Arbeit und im beständigen Bemühen, Einzelbeobachtungen und -ereignisse in weitere pädagogische Sinnzusammenhänge zu bringen, wachsen.

6.2 Wie kann die notwendige Professionalisierung der Erzieher weitergeführt werden?

Wir haben gesehen, daß anspruchsvolle Forderungen an die beruflichen Tätigkeiten der Kindergartenerzieher gestellt werden, die in keinem Verhältnis stehen sowohl zu dem, wie die Erzieher in der Öffentlichkeit eingeschätzt und auch bezahlt werden, wie auch zu Aus- und Fortbildungsangeboten. Wie sehen die Erzieher ihre Arbeit unter den gestellten Anforderungen? Trauen sie sich selbst die nötige Fachkompetenz zu, um alle an sie gestellten Aufgaben bewältigen zu können und andere von der Tragweite ihrer Arbeit zu überzeugen? Wie können die Erzieher das Maß an Fachkompetenz erwerben, welches sie zur sinnvollen Ausübung ihres Berufes unter den gegenwärtigen Anforderungen brauchen?
Die Verbesserung der *Ausbildung* ist langfristig ein wichtiger Schritt für die Professionalisierung des Erzieherberufs. Entsprechende Untersuchungen und Vorschläge dazu werden auch bereits entwickelt (Derschau 1976). Zu bedenken ist allerdings folgendes: Eine bessere Ausbildung für die Anforderungen des Berufsfeldes muß erst entwickelt und auch in den Fachschulen und Praxisstellen umgesetzt werden. Das kann recht lange dauern und betrifft dann auch nur zukünftige Erzieher. Diejenigen, die jetzt schon in der Praxis sind oder die in den nächsten Jahren ihre Tätigkeit aufnehmen werden, müssen ihre Fachkompetenz auf anderem Wege erweitern können.

Eine gelungene Professionalisierung zeigt sich nicht nur durch in Zeugnissen nachweisbare Qualifikationen, sondern in der erzieherischen Kompetenz, die letztlich erst verbunden mit Praxiserfahrung erworben werden kann. Das bedeutet, daß eine Verbesserung der Ausbildung in jedem Fall auch die Verknüpfung von theoretischem Wissen und praktischer Anwendung einbeziehen muß.

Eine weitere Frage, die im Zuge einer Ausbildungsreform geklärt werden muß, richtet sich auf die Fächerstruktur in der

Erzieherausbildung: Reicht es aus, Wissenschaftsdisziplinen wie die der Pädagogik, Psychologie und Soziologie zu Ausbildungsfächern zu erklären oder sollte ein fächerübergreifender Unterricht diese Fachbereiche stärker als bisher mit der Praxis- und Methodenlehre verknüpfen? In engem Zusammenhang damit steht die Frage nach den Qualifikationen und dem Berufsfeld der Dozenten in der Erzieherausbildung. Auch die Größe der Ausbildungsstätten sowie die Notwendigkeit ihrer engeren Verbindung zu den Praxisfeldern wird diskutiert, um einen sinnvollen Theorie-Praxis-Bezug zu verwirklichen.

Schließlich muß darauf geachtet werden, daß durch die notwendige Eingliederung der Erzieherausbildung in das berufliche Schulwesen der erreichte Status der Erzieher nicht gemindert wird. Schwierig wird es in Zukunft auch sein, eine sinnvolle Arbeitsteilung zwischen den verschiedenen Ausbildungsstufen im sozialpädagogischen Bereich (Diplom-Pädagogen, Sozialpädagogen, Erzieher, Kinderpflegerinnen) zu finden. Fatal wäre es, wenn Diplom-Pädagogen und Sozialpädagogen die Erzieher aus solchen Praxisfeldern verdrängen würden, für die sie aufgrund ihrer Ausbildung weniger als diese vorbereitet sind.

In der *Fortbildung* der bereits in der Praxis tätigen Mitarbeiter liegt eine zweite wichtige Möglichkeit für die Professionalisierung. Wie aber müssen nun Fortbildungsangebote aussehen, welche die Professionalisierung auf der beschriebenen breiten Ebene voranbringen?

Nach dem Besuch von Fortbildungsveranstaltungen läßt sich häufig die Erfahrung machen, daß nur wenig von dem umgesetzt werden kann, was man – befreit vom Druck des unmittelbaren Praxisgeschehens – eben noch für interessant und realisierbar gehalten hatte. Die erworbenen Impulse zur Veränderung der Arbeit verlieren durch eine Reihe von Alltagsschwierigkeiten ihren Reiz: Die Gruppe ist zu groß, die nötigen Räume und Materialien stehen nicht zur Verfügung, man hat zuwenig Zeit für Vorbereitungsarbeiten,und Kollegen ziehen nicht mit. Fortbildung, die für die praktische Arbeit nicht folgenlos bleiben will, muß deshalb auf die alltäglichen Erfahrungen Bezug nehmen. Das heißt zugleich aber auch, daß jede Fortbildungsveranstaltung aktiv von den teilnehmenden Praktikern mitgetragen werden muß; nur so entsteht eine praxisnahe Diskussion.

Unter diesem Gesichtspunkt erscheinen einige Fortbildungsformen als ungeeignet: So ist es schwer vorstellbar, daß Fortbildungsangebote, die die Erzieher mit Theoriestücken und wissenschaftlichen Erkenntnissen vertraut machen wollen, die erzieherische Fachkompetenz erhöhen können, wenn nicht immer wieder der Bezug zu dem konkreten Erziehungsgeschehen hergestellt werden kann. Sinnvoller wäre es, wenn die Erzieher die Gelegenheit hätten, sich die notwendigen theoretischen Kenntnisse von ihren Praxisproblemen ausgehend zu erarbeiten. Problematisch ist es auch, wenn Fortbildungsangebote darauf abzielen, das Erzieherverhalten durch ein ausgeklügeltes Training zu verändern. Dahinter steckt zum einen die Vorstellung, daß der Erzieher mit eingeübten und sorgfältig gesteuerten Anreizen auf die Kinder einwirken kann und soll – ein wenig angenehmes Bild vom Erzieher-Kind-Verhältnis –, und zum anderen die Hoffnung, daß durch die Veränderung des Erziehers allein die Praxis verbessert wird. Doch das Handeln des Erziehers kann nicht so abgehoben von seinen Arbeitsbedingungen und den speziellen Erfordernissen in einer Gruppe betrachtet werden. Es ist von vielen Faktoren abhängig und deshalb sind Veränderungen nur unter Berücksichtigung des komplexen Feldes denkbar.

Häufig ist die *Reflexion der alltäglichen Arbeit* die nächstliegende Möglichkeit, die eigene erzieherische Fachkompetenz zu vertiefen und zu erweitern, wenn durch einschränkende materielle und zeitliche Bedingungen der Besuch von Fortbildungsveranstaltungen oder die Anschaffung und das Lesen von Fachliteratur erschwert werden. Wir meinen aber, daß die Reflexion der alltäglichen Arbeit durchaus kein schlechter Ersatz für Fortbildungsangebote sein muß. Vielmehr besteht hier die Chance, daß pädagogische Fragestellungen im Zusammenhang mit den jeweils besonderen Bedingungen eines Praxisfeldes gesehen werden. Mit diesem Buch wollen wir gerade auf diese Möglichkeit zur Vertiefung der Fachkompetenz hinweisen und Hilfen dafür anbieten. Dazu gehören insbesondere Überlegungen zur Zusammenarbeit mit Kollegen: Indem die Mitarbeiter in den einzelnen Einrichtungen mehr und mehr dazu übergehen, ihre alltägliche Arbeit mit allen Erfolgen und Mißerfolgen ständig zu überdenken und in übergreifende pädagogische Sinnzusammenhänge zu stellen, bringen sie selbständig ihre eigene Professionalisierung voran. Das kann mit der Diskussion, mit dem Erfahrungsaustausch im Mitarbeiterteam beginnen, das kann die Suche nach Lösungen für ständig anfallende Alltagsprobleme bedeuten. Das kann aber auch zu weitreichenden Arbeitsgemeinschaften oder zu einer Interessengemeinschaft von Erziehern führen, die sich für bessere Arbeitsbedingungen einsetzen.

Worauf es bei diesen Anregungen ankommt, ist folgendes: Die Professionalisierung im Erzieherberuf ist nicht denkbar abgelöst von den materiellen Arbeitsbedingungen. Eine Verbesserung der Erziehungspraxis allein über verordnete inhaltliche Angebote, die nur durch Zusatzbelastungen in der Praxis – also auf Kosten der Erzieher durch Überstunden – zu erreichen wäre, ist auf Dauer wenig tragfähig. Wir meinen, daß zur Professionalisierung auch das Bewußtsein gehört, als Arbeitnehmer in einem vertraglich geregelten Zeitraum die Arbeit, die notwendig ist, leisten zu können. Eine Reihe von Erfahrungen spricht dafür, daß sich die Professionalisierung der Erzieher in der Auseinandersetzung mit der eigenen Arbeitssituation vollzieht. Ziel dabei ist, einen pädagogisch sinnvollen Handlungsspielraum im eigenen Arbeitsfeld zu schaffen bzw. zu vergrößern.

Literaturverzeichnis

ARBEITSGRUPPE VORSCHULERZIEHUNG: Anregungen I: Zur pädagogischen Arbeit im Kindergarten, München, 5. Aufl. 1977

ARBEITSGRUPPE VORSCHULERZIEHUNG: Anregungen II: Zur Ausstattung des Kindergartens, München 3. Aufl. 1976

ARBEITSGRUPPE VORSCHULERZIEHUNG: Anregungen III: Didaktische Einheiten im Kindergarten, München, 2. Aufl. 1977

ARBEITSGRUPPE VORSCHULERZIEHUNG und die ERZIEHERINNEN AUS MODELLKINDERGÄRTEN DER LÄNDER RHEINLAND-PFALZ UND HESSEN: Curriculum „Soziales Lernen", München 1975 (liegt z. Zt. nur in Erprobungskindergärten vor)

BUND-LÄNDER-KOMMISSION FÜR BILDUNGSPLANUNG: Fünfjährige in Kindergärten, Vorklassen und Eingangsstufen, Stuttgart 1976

BUSS, Anneliese: Aktuelle Bildungsprobleme in der sozialpädagogischen Arbeit, in: Blätter des Pestalozzi-Fröbel-Verbandes, Heft 3/1969, S. 65–81

DEUTSCHER BILDUNGSRAT: Empfehlungen der Bildungskommission. Strukturplan für das Bildungswesen, Stuttgart 1970

DERSCHAU, Dietrich von: Die Ausbildung für Kindergarten, Heimerziehung und Jugendarbeit an den Fachschulen/Fachakademien für Sozialpädagogik. Entwicklung, Bestandsaufnahme, Reformvorschläge, Augsburg 1976

FRISTER, Erich: Die Stellung des Erziehers in der Gesellschaft, in: HUNDERTMARCK, Gisela und ULSHOEFER, Helgard: Klein-Kinderziehung, Bd. 1, München 1972, S. 39

LÜCKERT, Heinz-Rolf: Die basale Begabungs- und Bildungsförderung, München/Basel 1969

MITTEILUNG AN DIE KINDERGÄRTEN in Rheinland-Pfalz zu der Durchführung des Kindergartengesetzes. Öffnungs- und Arbeitszeiten in Kindergärten, vom 7.2.75

RICHTER, Horst E.: Die Gruppe, Reinbek 1972

ROTH, Jürgen: Das Frankfurter Kita-Projekt, in: betrifft:erziehung, Heft 1/1975, S. 21–22

SCHMITT-WENKEBACH, Barbara: Kindergarten und Elternarbeit, Hannover 1976

SCHRADER, Hedi: Planung von Erziehungsprozessen im Kindergarten, in: PROJEKTGRUPPE VORSCHULISCHE ERZIEHUNG IM AUSLAND: Elemente vorschulischer Erziehung. Problemfelder, Aufgaben und Methoden, München 1975, S. 109–142

SIMON, Elisabeth: Fünf Kindergartengesetze – Rechte und Pflichten der Partner, in: Theorie und Praxis der sozialen Arbeit, 15. Jg., Nr. 4, April 1974, S. 139–149